税理士が本当に知りたい

生前相続対策

頻出

ケーススタディ

税理士法人チェスター[編]

清文社

改訂にあたって

　誰しも自分の人生の中では自分が主人公であるように、相続税の申告内容は一人一人異なり、そこからお亡くなりになった方の思いや相続税に対する考えが伝わってきます。

　本書は、年間 1,500 件を超える相続税申告書作成や年間 4,000 件を超える相続税相談を行う税理士法人におけるこれまでの蓄積事例をもとに、最新の相続を取り巻く環境変化を加味し、生前相続対策の専門書籍として執筆しました。

　その特色として、昨今の相続税を巡る状況、ポピュラーな生前相続対策、実施頻度及び効果が高い対策、ちょっと意外な対策のほか、お亡くなりになった方の思いなどにも焦点をあて、実務上の注意点や具体的な方法を中心に解説しています。

　相続税の基礎控除額の引下げ以降、相続税はより身近な税となり、東京都では 6 人に 1 人が相続税の申告を行うようになってきています。

　また、相続税や贈与税の税制改正は毎年のように実施されています。

　さらに、最近では、遺留分侵害額請求制度の民法改正、遺言書の一部パソコン作成制度・法務局での遺言書保管制度の創設など、相続を巡る制度改正及び環境整備が行われています。

　本書は、このような改正・創設された制度を取り込み、2015 年（平成 27 年）に出版した『税理士が本当に知りたい　生前贈与相談［頻出］ケーススタディ』を改題し、生前における相続対策の参考に資するよう内容を見直し・充実させたものです。

私たち税理士は常に最新の税制を中心とした動向に着目し、相続税の申告業務や生前対策業務に対応していく必要があります。

　本書がその一助となれば幸いです。

令和 3 年 11 月

税理士法人チェスター

福留　正明

荒巻　善宏

伊原　慶

河合　厚

はしがき
（初版）

　相続税の基礎控除引下げによる税制改正（平成27年1月1日以降発生の相続開始から適用）により、課税対象者が増加し、従来よりも「相続税」という税金が身近なものになりました。これまで相続税を気にしていなかった人も、相続税について不安を持つようになったことで、「相続税対策」に取り組む人たちの数も比例的に増えてきました。

　私たちの事務所は、相続税を専門に取り扱う税理士法人であり、累計1,000件以上の相続税申告のお手伝いをしてきました。過去に生前贈与の対策を実施されている人も多くいましたが、然るべき方法で生前贈与を実施していなかったために、税務署から「名義預金」の認定を受けたり、贈与の成立を否認されるケースも少なくありません。適切な方法のもとで生前贈与を行っていれば、違った結果になったと後で悔いても遅いのです。

　今後は相続税の課税対象者が広がる影響もあり、税理士事務所が生前贈与のコンサルティングを行う機会が増加していくでしょう。これまで相続税対策に力を入れてこなかった事務所にとっても、生前贈与の助言は顧客のために必要不可欠な領域となることが予想されます。

　そこで本書は、その中でも最もポピュラーで、対策実施頻度が多い「生前贈与」に中心的な焦点をあて、実務上の注意点や具体的な方法を中心に解説しました。生前贈与にテーマを絞ったことで、様々な事例を解説するとともに、実務の現場ではどのようなことが起こるのか、複雑な事情や人間関係をいかに把握すればよいのか、着目すべきポイントや、贈与関連特例の整理、見落としがちな点やポイントについて、ケーススタディ形式でまとめました。

　また生前贈与を中心としたテーマの構成となっていますが、相続税の生前対策の総論にも触れ、より広い視点で生前対策業務を実施する際に参考になるような内容としました。相続税の節税対策は、多岐にわたりますが、基本的には「生前贈与」「不動産」「生命保険」が対策の柱となります。そういっ

た生前贈与以外の各論についても、実務で頻出する論点を加えました。

　さらには近年、利用が増加している信託の解説や、節税対策だけではない「争族対策」についても解説章を加え、相続対策全般について厚みのある内容としました。

　終章では、クライアント別のケーススタディも掲載しましたので、相談者の資産内容や属性によりアドバイスをするポイントを明示して、相談実務の現場での参考になる内容を心がけました。

　平成27年度税制改正では、教育資金贈与の非課税特例の拡充をはじめとして、結婚・出産などに関する様々な贈与関係の特例が整備される予定です。年間110万円の暦年贈与の贈与プランを描くことが、これまでは生前贈与コンサルティングの主流でしたが、今後は新しい贈与特例の組合せも視野に入れ、より総合的な観点から生前贈与の相談に対応していく必要があります。そのためには、私たち税理士は常に最新の税制の動向に着目し、内容をフォローアップして、相続の生前相談に対応していかなければなりません。

　本書がその一助となれば幸いです。

　平成27年2月

税理士法人チェスター

福留　正明

荒巻　善宏

角田　壮平

伊原　慶

贈与と贈与税の基本を押さえる

贈与税の各種の特例の確認

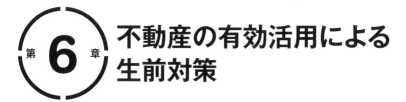

第5章　生前対策の定番！生命保険の活用

第6章　不動産の有効活用による生前対策

第7章 相続時精算課税の活用方法

第8章 これからの生前対策の本流? 信託の活用

第9章　よくある贈与の問題

第10章　争族対策

第11章 ケース別生前対策

【凡　例】

■法令等の略記

印………………………印紙税法

家事手続………………家事事件手続法

使用貸借通達…………相続関係 個別通達「使用貸借に係る土地についての相続
　　　　　　　　　　　税及び贈与税の取扱いについて」

所法……………………所得税法

所令……………………所得税法施行令

所基通…………………所得税基本通達

信託個通………………信託関係 個別通達「土地信託に関する所得税、法人税並
　　　　　　　　　　　びに相続税及び贈与税の取扱いについて」

信法……………………信託法

相法……………………相続税法

相令……………………相続税法施行令

相規……………………相続税法施行規則

相基通…………………相続税法基本通達

措法……………………租税特別措置法

措令……………………租税特別措置法施行令

措規……………………租税特別措置法施行規則

措通……………………租税特別措置法関係通達

通法……………………国税通則法

農法……………………農地法

評基通…………………財産評価基本通達

不登法…………………不動産登記法

民………………………民法

■条数等の略記

相法3①一　……………相続税法第3条第1項第1号

評基通214………………財産評価基本通達214

東京地判平22.7.13 ……東京地方裁判所平成22年7月13日判決

＊　本書の内容は、令和3年10月末日現在の法令等に基づいています。

第 1 章

生前相続対策が
重要！

より多くの人にとって相続税の申告が必要となった！〈2015年（平成27年）以降〉

> ## Q
>
> 以前に比べ、より多くの人にとって相続税の申告が必要になったことについて教えてください。
>
> ## A
>
> 2015年（平成27年）1月1日からの相続より基礎控除の引下げがなされ、より多くの人が相続税の申告を行うこととなっています。

------------------------------ **解 説** ------------------------------

　2015年（平成27年）1月1日から遺産に係る基礎控除が21年ぶりに改正され、従前の基礎控除額を4割カットするという基礎控除額の大幅な引下げ及び最高税率の引上げなどの税率の改正が行われました。このうち定額控除部分については5,000万円から3,000万円となり、2,000万円控除額が縮小となりました。

　過去の大きな改正を振り返りますと、1988年（昭和63年）改正により基礎控除定額部分が2,000万円から4,000万円へと倍増となり、今回とは逆に2,000万円控除が拡大されています。金額の変動額としては今回と同じ幅です。当時はバブルの時期ですので、地価（路線価）は上昇傾向にあったはずですが、この改正により、この年に亡くなった人のうち課税された人の割合は前年の8％程度から5％程度へと大幅に減りました。減少率にして約4割と劇的に減少しています。

　2015年（平成27年）からは控除額が減っていますので、影響は甚大。いままで相続税とは無縁だった人にも広く課税されることとなり、さらに部分的に税率のアップも行われました。

　この改正により亡くなった人のうち課税された人の割合は4％程度から8％程度と2倍に跳ね上がりました。

　地価が高い東京国税局の管轄地域に限れば、7％程度から13%を超えるようになり、さらに東京都に限れば、亡くなった6人に1人の割合で相続税の申告書を提出していることになります。

　高齢化が進む日本では、2020年（令和2年）に138万人が亡くなりました。国立社会保障・人口問題研究所の推計では、死亡数は2039年に167万人でピークを迎えますが、その後もしばらく150万人前後の水準が続きます。

　日本はまさに「大相続時代」を迎えようとしており、今後とももより多くの方々にとって相続税の申告が必要になることが見込まれます。

〈遺産に係る基礎控除の引下げ〉

　相続税の基礎控除には定額部分と法定相続人数比例控除部分があり、「5,000万円＋1,000万円×法定相続人数」から「3,000万円＋600万円×法定相続人数」に縮小されました。定額部分比例控除部分ともに4割の縮小です。

　具体的には**相続人3人のケース**で相続が発生したと仮定しますと、いままでは8,000万円（5,000万円＋1,000万円×3）までの遺産であれば相続税の対象外であった人が、平成27年からは**4,800万円**（3,000万円＋600万円×3）**を超える財産を残された人から相続税申告の対象**となってしまうということです。

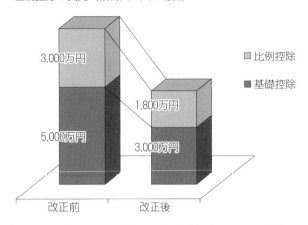

基礎控除の変更（相続人3人の場合）

3,000万円

比例控除

基礎控除

1,800万円

5,000万円

3,000万円

改正前　　　　改正後

　上記のグラフは相続人が3人の場合、相続財産が4,800万円を超えると相続税の対象となることを示していますが、相続人が2人であれば4,200万円から、さらに相続人が1人であれば3,600万円の財産から相続税の対象となります。相続税が身近になってきたといわれる゛ゆえん゛です。

──〈最高税率の引上げ〉────────────────

　相続税の税率は、各法定相続人の取得金額により決まります。最高税率は2002年（平成14年）まで70％でしたが、2003年（平成15年）以降50％まで引き下げられていました。

　2015年（平成27年）以降、最高税率は6億円超の取得金額の場合50％から55％へと引き上げられました。あわせて区分が細分化され、従来1億円超3億円以下は税率40％であったものが、1億円から2億円までと2億円から3億円までが分かれ、2億円を超えると税率45％の区分が新設されました。

相続税率と控除額

各法定相続人の法定相続分相当額	税　率	控除額
～1,000万円以下	10％	―

1,000万円超～3,000万円以下	15%	50万円
3,000万円超～5,000万円以下	20%	200万円
5,000万円超～1億円以下	30%	700万円
1億円超～2億円以下	40%	1,700万円
2億円超～3億円以下 *2	45%	2,700万円
3億円超～6億円以下	50%	4,200万円
6億円超 *3	**55%**	7,200万円

＊1　網掛けは2015年（平成27年）以降

＊2　従来は税率40%、控除額1,700万円

＊3　従来は税率50%、控除額4,700万円

　相続税の税額計算は、課税価格の合計額を法定相続分に応じて取得したものとした場合の各相続人の取得金額を、上記表にあてはめて計算します。

　実際にどのくらい税負担が増えるのかシミュレーションしてみましょう。

◎課税価格合計が1億5,000万円、法定相続人が配偶者と子ども2人の場合

　　1億5,000万円－4,800万円＝1億200万円

　　配偶者：1億200万円×1／2×30%－700万円＝830万円 …… ①

　　子ども：1億200万円×1／4×15%－50万円＝332.5万円…… ②

　　　⇒　①＋②×2人＝1,495万円

　従来の場合ですと、

　　1億5,000万円－8,000万円＝7,000万円

　　配偶者：7,000万円×1／2×20%－200万円＝500万円 ……… ③

　　子ども：7,000万円×1／4×15%－50万円＝212.5万円 ……… ④

　　　⇒　③＋④×2人＝925万円

　　増税額は、1,495万円－925万円＝570万円

　上記のケースだと2015年（平成27年）以降6割の増税となります。この税制改正の影響が小さくなかったことがわかると思います。

相続時精算課税制度の適用対象が拡大し、
贈与税率が改正された！〈2015年(平成27年)以降〉

Q

相続時精算課税制度の適用対象が拡大し、また、贈与税率の最高税率が引き上げられたことについて教えてください。

A

高齢化社会への急速な進展が続いています。資産余力のある高齢者世代から若年世代への資産の早期移転をより一層促進しようという観点から、2015年（平成27年）以降相続時精算課税制度の適用対象が拡大し、また、贈与税率等が一部見直し（最高税率の55％への引上げ、税率適用範囲の見直し、特例税率の適用）されています。

―――――――――――――― 解 説 ――――――――――――――

詳しくは次のとおりです。

〈相続時精算課税適用対象者の拡大〉

2015年（平成27年）1月1日以降、相続時精算課税の適用対象となる贈与者の年齢が65歳以上の者から60歳以上の者へと引き下げられました。

また、受贈者については「20歳以上の者で、かつ贈与を受けた時において贈与者の推定相続人であること」という要件に孫が加わり、「20歳以上かつ贈与を受けた時において贈与者の推定相続人及び贈与者の孫であること」という要件に変わりました（年齢はいずれも贈与年の1月1日時点）。

　推定相続人とは、現状のままで相続が発生した場合、直ちに相続人となるべき立場の人をいいます。平均寿命の伸びにより推定相続人も高齢化しつつあります。老老介護といって高齢者が高齢者を介護するような社会では、実際にマイホームを建てたり、教育資金が必要なのは孫の世代という現実があり、孫への贈与が認められました。また、贈与者側の年齢も5歳引き下げられ、60歳からと対象が広がりました（相続時精算課税の詳細は**7章**を参照）。

```
≪相続時精算課税適用対象者の改正≫
        改正前                      改正後
贈与者：65歳以上の者            贈与者：60歳以上の者
受贈者：                        受贈者：
○20歳以上の者                  ○20歳以上の者
 （贈与年の1月1日の年齢）        （贈与年の1月1日の年齢）
○贈与時において贈与者の          ○贈与時において贈与者の
 推定相続人                      推定相続人及び孫
```

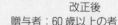

〈贈与税（暦年課税）の税率変更等〉

　暦年贈与については直系尊属（父母や祖父母）からの贈与と、それ以外からの贈与の2種類に区分されました。

　直系尊属から贈与された資産を「特例贈与財産」、そのほかからの贈与を「一般贈与財産」といい、特例贈与財産は特例税率として低い税率になり、贈与がしやすくなりました。

　この適用を受けられる条件として、受贈者の年齢は、贈与を受けた年の1月1日において20歳以上であり、直系尊属からのものに限られます。各階層の税率は次のとおりです。

　また、最高税率が引き上げられ、4,500万円超は50%から55%へと5ポイント引き上げられました。この最高税率は相続税の最高税率と同率です。相続税の補完税である贈与税の税率が相続税の税率よりも低いと、制度上、不備が生じるため、相続税の最高税率に合わせたものと考えられています。

　これらの改正は、2015年（平成27年）1月1日以降の贈与から適用されています。

贈与税の税率（暦年贈与）の新旧税率表

基礎控除後の課税価格	改正前		改正後（2015年（平成27年）以降）			
	税率	控除額	一般税率（一般贈与財産）	控除額	特例税率（特例贈与財産）	控除額
～ 200万円以下	10%	−	10%	−	10%	−
200万円超～ 300万円以下	15%	10万円	15%	10万円	15%	10万円
300万円超～ 400万円以下	20%	25万円	20%	25万円		
400万円超～ 600万円以下	30%	65万円	30%	65万円	20%	30万円
600万円超～1,000万円以下	40%	125万円	40%	125万円	30%	90万円
1,000万円超～1,500万円以下	50%	225万円	45%	175万円	40%	190万円
1,500万円超～3,000万円以下			50%	250万円	45%	265万円
3,000万円超～4,500万円以下			**55%**	400万円	50%	415万円
4,500万円超～					**55%**	640万円

贈与税の計算は、受贈者が1年間に贈与を受けた金額から基礎控除を引いて税率を乗じて計算します。この場合、一般贈与財産だけ、あるいは特例贈与財産だけをその年に贈与を受けたのであれば、上記税率表に則って計算すれば足りますが、一般贈与財産と特例贈与財産の両方を同一年に取得した場合の計算は少し複雑になります。まず、全部を一般贈与財産として一般税率で算出、次に全部を特例贈与財産として特例税率で算出し、これを按分計算します。

㊀：一般贈与財産の価額

㊕：特例贈与財産の価額

①：すべてを一般贈与財産として計算した場合の税額

②：すべてを特例贈与財産として計算した場合の税額

とすると、

$$\text{①} \times \frac{\text{㊀}}{\text{㊀}+\text{㊕}} = \text{ア} \qquad \text{②} \times \frac{\text{㊕}}{\text{㊀}+\text{㊕}} = \text{イ}$$

として計算した（ア＋イ）が納める贈与税になります。

具体的な金額をあてはめてみます。

◎1年間に一般贈与財産300万円、特例贈与財産700万円、合計で1,000万円の贈与を前提

①（300＋700－110）×40%－125＝231万円…（すべてを一般税率で試算）

② （300 ＋ 700 － 110）× 30％ － 90 ＝ 177 万円 …（すべてを特例税率で試算）

ア．231 × $\dfrac{300}{300+700}$ ＝ 69.3 ………………………（一般で算出した税額のうち一般部分を按分）

イ．177 × $\dfrac{700}{300+700}$ ＝123.9 ………………………（特例で算出した税額のうち特例部分を按分）

ア＋イ：69.3+123.9=193.2 万円　……………………納付する贈与税額

図解すると次のようになります。

一般贈与と特例贈与の両方を同一年に受贈した場合の贈与税

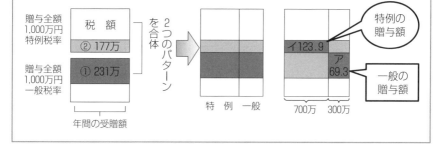

9

相続における生前準備の重要性

Q

相続においては生前準備が重要だと聞きますが、何から手をつけていいかもわからず、重要性も認識できません。相続対策を行う順番などについて簡単に教えてください。

A

　将来の相続に備えて、早い段階から準備をしておくことは大変重要です。しかし生きている時から死後の話をするのは縁起がよくないということで、なかなか相続についての準備に対して腰が重い人が多くいます。

　一方で、しっかり生前から準備をした方は円満な相続を迎えることが可能となります。そこで相続対策を行うにあたって、意識したいポイントが3つ（争族対策・納税資金対策・節税対策）あります。その3つのポイントに潜む各家庭の問題点を認識することが、相続対策をスタートするきっかけとなります。

解説

1 争族対策が最も重要

　相続が発生したときに悲しいことは、遺された家族が骨肉の相続争いを繰り広げることではないでしょうか。たとえ相続税の問題がクリアになっていたとしても、相続人同士が争ってしまっては、とうてい円満な相続であるとは

いえません。この争族問題に対応できる人は、財産を所有している本人です。

　民法は、相続の遺産分割において財産を遺される側の意思よりも、財産を遺す側の意思を優先しています。つまり「遺言」に記載された方法が、相続においては基本となり、相続人全員が同意をしない限りは遺言内容が実現されます。

　これは適切な遺言があれば、相続人が争う余地がなく、争いの種を事前に摘んでおけることを示唆しています。少しでも争う可能性があれば、遺言を作成しておくことが、財産を遺す側の責務として望まれます。

2　相続税の納税資金対策を行う

　相続税の節税対策には様々なメニューがありますが、節税対策よりも前に、まずは相続税の納税資金対策を行うことが大切です。そのためには、現状の相続税評価額と相続税の試算を行い、仮にいまの時点で相続が発生した場合に、相続税の納税資金が不足しているかどうかを認識しておくことが重要です。

　相続税の納税資金が十分に足りているにもかかわらず、節税対策に目がいってしまい、結果的に相続税を節税できたはいいが、納税資金が足りなくなってしまっては本末転倒です。

3　相続税の節税対策を行う

　相続税の節税対策は様々なものがありますが、代表的な対策をいくつかご紹介します。

①　生前贈与（年間110万円までの贈与は非課税）
②　不動産の購入・建築(不動産の相続税評価は、時価よりも低く設定されている)
③　生命保険（死亡保険金については、500万円×法定相続人の人数まで非課税）
④　養子縁組（法定相続人が増えることで、相続税の控除が大きくなる）

　ほかにも多くの対策がありますが、対策の実施にあたっては資産内容や納税資金等も含めて総合的に検討することが大切です。

第 **2** 章

相続に関する各制度が、
より使いやすくなって
きている

遺言書が簡単に作成できるようになった

Q

"終活"として、遺言書を作成する人が増えてきたと聞いていますが、遺言書が書きやすくなったのですか。

A

　自筆証書遺言は、以前は全部、自筆で書くことが必要でしたが、財産目録についてはパソコン作成などが認められるようになっています。

------------------------------ **解 説** ------------------------------

1 遺言書作成は増加傾向

　その昔、「遺言書を作成するのは親族の仲がよっぽど悪い場合で、作るなんて縁起でもない」といった風潮が強かったようです。

　しかし、相続を巡る様々なトラブルの発生を防ぎ、自分の意思を書面で伝えたいということが重要視され、徐々にではありますが遺言書の作成件数が増加しています。

　例えば、「公正証書遺言」は1995年（平成7年）に約4万6,000件だったものが、2020年（令和2年）には約9万8,000件と増えています。

　また、「自筆証書遺言」の作成件数そのものではありませんが、相続が発生した際に必要とされる家庭裁判所の検認については、1995年（平成7年）に約8,000件だったものが、2020年（令和2年）には約1万8,000件になって

います。

　遺言書の作成は、終活ブームや、自筆証書遺言の一部のパソコン作成や法務局での保管制度の創設などにより、今後、さらに増加していくものと考えられます。

「公正証書遺言」の作成件数と「自筆証書遺言」の検認件数の推移

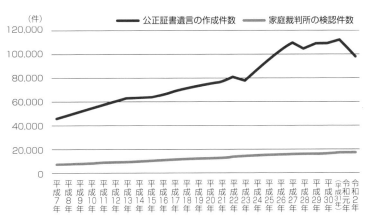

＊　公正証書遺言の作成件数は、日本公証人連合会の公表データに基づく。
　　家庭裁判所の検認件数は、最高裁判所の司法統計に基づく。

2 いくつかの遺言の方式はあるが「自筆証書遺言」と「公正証書遺言」が一般的

　民法で定められた遺言の方式には、普通方式と特別方式とがあります。

　普通方式には「自筆証書遺言」、「公正証書遺言」と「秘密証書遺言」があり、特別方式には「危急時遺言」と「隔絶地遺言」とがあります。

　一般的には「普通方式」のうちの「自筆証書遺言」と「公正証書遺言」の2つがよく利用されます。

　「自筆証書遺言」は、遺言者が遺言書の内容をすべて一人で書くものです。「公正証書遺言」と違って証人が不要で費用もかからず、手軽に作成できる点が特徴です。

　また、「自筆証書遺言」は勝手に封を開けてはならず、遺言者の死後、家庭

裁判所の「検認」が必要とされます。「検認」とは、家庭裁判所に遺言状を持っていき、遺言書の偽造、変造を防止するために、遺言書の記載を確認する手続のことです。

なお、自筆証書遺言の方式は、2019年（平成31年）1月13日から一部パソコンでの作成が可能となり、2020年（令和2年）7月10日からは法務局における保管制度も始まっています（**ケース5**参照）。

「公正証書遺言」は、公証役場で公正証書の形で作成するものです。2人以上の証人の立ち会いが必要で、遺言者が述べる内容を公証人が法的な観点でチェックしながら文書にまとめ、さらに原本は公証役場で保管されます。作成に費用を要しますが、法的に確実に有効な遺言書が作成できます。

また、「公正証書遺言」は、公証役場に保管されるので安全であり、さらに、公証役場の「遺言検索システム」を使って、遺言の存在を確認することができるようになっています。

（自筆証書遺言と公正証書遺言のメリット・デメリットは、**ケース73**参照）

3 自筆の遺言書はパソコンでも作成できる

従来、「自筆証書遺言」は全文を自筆で書くことが条件で、書き間違えたり財産の内容に変更があった場合、訂正したり最初から書き直したりする必要がありました。

特に、相続財産が多いと、そのすべてを正確に自筆するのは大変な作業でした。また、遺言書を書いたあとで財産の内容に変更があった場合、その都度訂正したり、全部書き直したりすることにも手間がかかりました。

それが2019年（平成31年）1月13日からは、遺言書のうち財産目録については、パソコンで作成することができるようになりました。この財産目録は遺言者以外の人が作成したものでも差し支えありません。あるいは、不動産の登記事項証明書や預貯金通帳のコピーを財産目録として添付することも認められます。

ただし、遺言書本文は、これまでと同様、自筆で記載する必要があります。

　財産目録は「添付」するものなので、遺言書本文と財産目録は必ず別の用紙に作成する必要があります。

　例えば、財産目録をパソコンで作成して、その用紙の余白に自筆で本文を記載したような場合、財産目録を添付したことにはなりません。

　また、財産目録のすべてのページに遺言者が署名・押印しなければなりません。押印については、実印や遺言書本文で使用した印鑑と同じである必要はありませんが、偽造の疑いをもたれないようにするため、同じ印鑑にしておくのが望ましいとされています。

　その他、遺言書本文や他の財産目録などを綴るときの契印は必要とされていませんが、遺言書本文と財産目録などの一体性を確保するため契印をしたり、同一の封筒に封緘したり、遺言書全体を綴ったりするのが望ましいとされています。

法務局でも遺言書を預かって
くれるようになった

Q

　財産を確実に家族に託すため、"終活"の一環として遺言書を作成しようと考えていますが、自宅に保管するのは心配です。遺言書は法務局でも預かってくれるのですか。

A

　2020年（令和2年）7月10日から、法務局が「自筆証書遺言」を預かって保管する制度「自筆証書遺言書保管制度」がスタートしています。「自筆証書遺言書保管制度」は、遺言者にとって、①遺言書の紛失・亡失を防ぐことができる、②他人に遺言書を見られることがない、③相続人や受遺者等の手続が楽になるなどのメリットが、また、相続人・受遺者にとって、①遺言者の死亡後、家庭裁判所での検認手続は不要のため、速やかに相続手続ができる、②全国の法務局で遺言書が保管されているかの確認や内容証明書の交付請求ができる、③遺言書保管所で閲覧請求ができるなどのメリットがあります。

------------------------- 解 説 -------------------------

　従来、「自筆証書遺言」は、遺言者が自宅に保管するのが原則でした。しかし、せっかく遺言書を作成しても発見されなかったり、一部の相続人が偽造、改ざんしたりするリスクもあったりして、利用しにくい面がありました。

　そこで、民法改正に伴い2020年（令和2年）7月10日から、法務局が「自

筆証書遺言」を預かって保管する制度「自筆証書遺言書保管制度」がスタートしました。

　具体的には、遺言者が自分で作成した「自筆証書遺言」を法務局に持っていって、保管を申請します。法務局では、法律上の要件を形式的に満たしているかを確認し、原本を保管したうえで画像データとして記録します。費用は１件につき 3,900 円です。

　なお、法務局では、形式以外は確認されないので注意が必要です。

1 「自筆証書遺言書保管制度」のメリットとは

　この制度は、遺言者にとって、

① 　自宅で保管することによる遺言書の紛失・亡失を防ぐことができる

② 　他人に遺言書を見られることがなく、他人による勝手な開封・破棄・改ざん・隠匿を防ぐことができる

③ 　"終活" として、相続人や受遺者等の手続が楽になる

などのメリットがあります。

　また、相続人・受遺者にとって、

① 　遺言者の死亡後、家庭裁判所での検認手続は不要のため、速やかに相続手続ができる

② 　全国の法務局で遺言書が保管されているかどうかを調べることができ、また、遺言書の内容の証明書の交付を請求することができる

③ 　遺言書保管所の法務局において、遺言書の内容を見て確認することができる

などのメリットがあります。

　なお、法務局で保管した自筆証書遺言については検認手続も不要とされています。

2 必要な手続

(1) 遺言者による保管の申請

① 遺言者は、自筆証書遺言に係る遺言書を作成する。

法務局では、遺言書の方式の適合性の確認は行われますが、遺言書の内容の確認は行われません。自筆証書遺言の作成にあたっての注意事項は、法務省ホームページでも紹介されています（https://www.moj.go.jp/MINJI/03.html）。

② 遺言書を保管する法務局を決める。

保管の申請は、遺言者の住所地・本籍地・所有不動産の所在地のいずれかを管轄する法務局です。

③ 申請書を作成し、保管の申請の予約を行う。

④ 保管の申請を行う。

遺言書、申請書、本籍の記載のある住民票の写し等、本人確認書類、手数料（1通3,900円）が必要です。

⑤ 保管証を受け取る。

(2) 遺言者本人による遺言書の閲覧の請求

① 閲覧の請求をする法務局を決める。

モニターによる閲覧は、全国のどの法務局でも請求を行うことができます。

遺言書原本の閲覧は、原本が保管されている法務局でのみ請求を行うことができます。

② 請求書を作成し、閲覧の請求の予約を行う。

③ 閲覧の請求を行う。

遺言者本人の本人確認書類、手数料（モニター閲覧：1回1,400円、原本閲覧：1回1,700円）が必要です。

④ 閲覧する。

(3)　相続人等（相続人・遺言執行者等・受遺者等）による遺言書が預けられているかの確認

　　⇒　遺言書保管事実証明書の交付の請求

　　①　交付の請求をする法務局を決める。

　　　　全国のどの法務局でも請求を行うことができます。

　　②　請求書を作成し、交付の請求の予約を行う。

　　　　相続人等に応じた添付書類が必要です。

　　③　交付の請求をする。

　　　　手数料（1通800円）が必要です。

　　④　証明書を受け取る。

(4)　相続人等（相続人・遺言執行者等・受遺者等）による遺言書内容の証明書の取得

　　⇒　遺言書情報証明書の交付の請求

　　①　交付の請求をする法務局を決める。

　　　　全国のどの法務局でも請求を行うことができます。

　　②　請求書を作成し、交付の請求の予約を行う。

　　　　相続人等に応じた添付書類が必要です。

　　③　交付の請求をする。

　　　　手数料（1通1,400円）が必要です。

　　④　証明書を受け取る。

(5)　相続人等（相続人・遺言執行者等・受遺者等）による遺言書の閲覧の請求

　　①　閲覧の請求をする法務局を決める。

　　　　モニターによる閲覧は、全国のどの法務局でも請求を行うことができます。

　　　　遺言書原本の閲覧は、原本が保管されている法務局でのみ請求を行うことができます。

　　②　請求書を作成し、閲覧の請求の予約を行う。

　　　　相続人等に応じた添付書類が必要です。

③ 閲覧の請求を行う。

本人確認書類、手数料（モニター閲覧：1回1,400円、原本閲覧：1回1,700円）が必要です。

④ 閲覧する。

＊ 相続人等が、上記(4)の証明書の交付及び(5)の遺言書の閲覧を行うと、法務局から他のすべての相続人等に対して遺言書を保管している旨が通知されます。

ケース 6

遺留分は金銭での支払いとなった

Q

遺言書で財産を相続する場合、「遺留分に注意しろ」と聞いていましたが、「遺留分減殺請求」が「遺留分侵害額請求」になったことで、何が変わったのでしょうか。

A

　相続によって取得した財産の割合が「遺留分（民法で定められた最低限の取り分）」に満たない場合には、他の相続人などに請求（返還）を求めることができます。これが遺留分侵害額請求（遺留分減殺請求）です。

　遺留分減殺請求権（旧制度）で「現物財産を請求」すると、不動産も全て「現物財産」で権利を行使することとなり、共有関係や事業承継などに支障がありました。このことから、2019年（令和元年）7月1日以降の相続から「金銭を請求（債権的請求権）」となりました。

　遺留分侵害額請求制度となったことから、相続財産の共有持ち分による弊害が解消され、また、遺留分の対象となる生前贈与についても相続開始前10年間にされた生前贈与に限定されることになりました。

解 説

1 遺留分侵害額請求とは何？

　遺留分侵害額請求とは、相続によって取得した財産の割合が「遺留分（民

法で定められた最低限の取り分）」に満たない場合に、他の相続人などに請求（返還）を求めることができる制度です。

そして遺留分侵害額（減殺）請求ができる権利を「遺留分侵害額請求権」と呼び、遺留分を請求して受け取る権利がある一定の法定相続人を「遺留分権利者」と呼びます。

例えば、法定相続人が長男と長女の2人のケースで、被相続人である父が遺言書に「すべて財産を長男に相続させる」と記載していたとします。

この場合、遺留分権利者である長女は、長男に対して遺留分侵害額（減殺）請求をすることで、自己の遺留分を取り戻すことができます。

仮に父が遺言書に「全財産を愛人に遺す」と書いていた場合は、遺留分権利者は長男と長女となり、愛人に対して遺留分侵害額（減殺）請求ができます。

2 「遺留分減殺請求権」と「遺留分侵害額請求権」との違い

民法改正により、2019年（令和元年）7月1日以降の相続から「遺留分減殺請求権」は「遺留分侵害額請求」に変更されました。

「遺留分減殺請求権」と「遺留分侵害額請求権」の大きな違いは「財産を請求する形式（支払う形式）」です。

遺留分減殺請求権は「現物財産を請求（物権的請求権）」する権利であるのに対し、遺留分侵害額請求権は「金銭を請求（債権的請求権）」する権利です。

制度改正の背景は、遺留分減殺請求権（旧制度）で「現物財産を請求」すると、不動産も全て「現物財産」で権利を行使することとなり、共有関係や事業承継などに支障があったことです。

「金銭で請求（支払い）」する権利に改正することで、①共有関係が当然に生ずることを回避することができ、②目的財産を受贈者等に与えたいという遺言者の意志を尊重することができます。なお、遺留分侵害額の請求をされた人がすぐに金銭を支払えない場合の「支払い期限の猶予を許与する制度」なども新設されています。

　また、遺留分侵害額請求権の対象となる生前贈与は、相続開始前10年間に行われたものに限定されます。遺留分減殺請求権の対象となる生前贈与はすべての贈与を対象としていたことから改正されています。ただし、遺留分の圧縮を目的とし10年以上前から特定の相続人への贈与が行われていたという事実が認められた場合は、例外的に10年以上にさかのぼり遺留分の請求が可能となります。

　新旧どちらの制度が適用されるのかは、「相続の発生日（被相続人の死亡日）」で判断することになります。

3 遺留分侵害額請求ができる人と遺留分の割合

　遺留分侵害額請求ができる人、つまり遺留分権利者は、①被相続人の「配偶者」、②直系卑属である「子供及びその代襲者（孫など）」、③直系尊属である「両親・祖父母など」のみです。

　第三順位の法定相続人である被相続人の兄弟姉妹（甥姪）には、遺留分侵害額（減殺）請求は認められていません（民1042）。

遺留分侵害額（減殺）請求ができる人
（遺留分権利者）

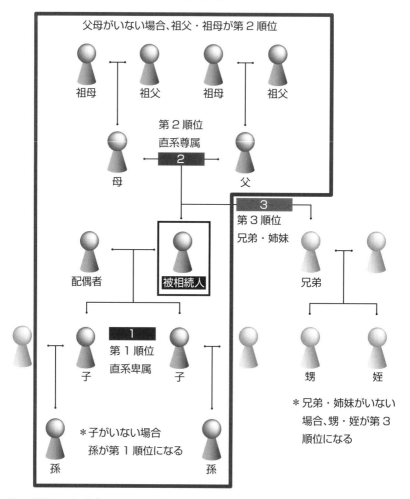

第一順位の直系卑属である「子供」とは、被相続人の実子はもちろん、前妻の子・養子縁組した子（人数に制限あり）・婚外子（非摘出子）も含まれます。

また、被相続人よりも先に子供が亡くなっている場合、代襲相続によって「孫」が第一順位の法定相続人となります。

遺留分は「遺留分を算定するための財産の価額の 1/2 に対する法定相続分

（直系尊属のみが相続人である場合は 1/3）」として認められているため、以下の計算方法で算出します（民 1042）。

【遺留分の計算方法】

遺留分を算定するための財産の価額× 1/2 ＊ ×法定相続分＝遺留分

＊ 直系尊属（父母や祖父母）のみが相続人である場合は 1/3

	相続人それぞれの遺留分の割合	相続人全員の遺留分の割合
配偶者と子供	配偶者 1/4、子供 1/4	1/2
配偶者と父母	配偶者 1/3、父母 1/6	1/2
配偶者と兄弟姉妹	配偶者 1/2、兄弟姉妹なし	1/2
配偶者のみ	配偶者 1/2	1/2
子供のみ	子供 1/2	1/2
父母のみ	父母 1/3	1/3
兄弟姉妹のみ	なし	なし

＊ 相続人別の遺留分を計算する際、子供や父母が複数名の場合は「遺留分の割合÷人数」

4 遺留分侵害額請求の期限

遺留分侵害額請求は、民法 1048 条（遺留分侵害額請求権の期間の制限）によって時効が定められており、この期限を過ぎると請求できなくなります。

具体的には、①相続の開始もしくは遺留分の侵害を把握してから 1 年、②相続開始の時から 10 年を経過したときのいずれかです。

「いつ遺留分の侵害を把握したのか」はそれぞれの事情によって判断が分かれるものであり、客観的に証明することは難しいことから、実務的には、被相続人の死亡日から 10 年目と考えられています。

5 遺留分侵害額請求の手続の流れ

　遺留分侵害額請求は、次のフローチャートの手続の流れに沿って進めていくことになります。

　なお、裁判外で交渉をせずに調停を行うことや、調停なしで訴訟することはできないこととされています。

遺留分侵害額（減殺）請求の手続の流れ

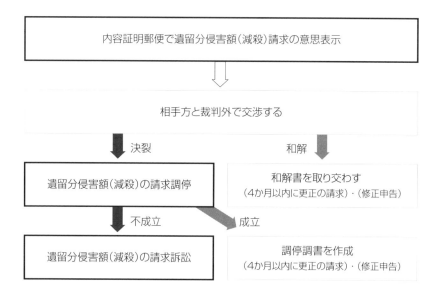

6 遺留分侵害額請求の和解・調停が成立した場合等の相続税申告

　遺留分侵害額請求を行い、和解の成立、調停調書の作成や判決があった場合で、相続税の申告をしていた場合には、相続税の修正申告及び更正の請求を行う必要があります。なお、更正の請求は、和解が成立した翌日から4か月以内に行う必要があります。

遺産分割前においても相続預貯金の払戻しを受けることができるようになった

Q

以前は相続が開始すると預貯金の払戻しができなかったことが解消されたと聞きましたが、どういった制度なのでしょうか？

A

相続が開始されると、遺族や遺言執行者などは、当面の生活費や葬式費用の支払いなどのため、また、預貯金の相続のため、預貯金の払戻しなどの手続を行う必要があります。

以前は、銀行や郵便局の口座に預けた預貯金は、金融機関がその口座の名義人が亡くなったことを知った時点で凍結され、預貯金の相続手続が終わるまで、原則として払戻しを受けられませんでした。

2019年（令和元年）7月1日以降、このような不便な状況を改善するため、遺産分割前の相続預貯金の払戻し制度により、遺産分割が確定する前でも、被相続人の預貯金の払戻しを受けることができるようになりました。

········· 解説 ·········

1 制度の概要

相続が開始され、相続預貯金が遺産分割の対象となる場合は、遺産分割が終了するまでの間、相続人単独では相続預貯金の払戻しを受けられないこと

があります。

　しかし、遺産分割が終了する前であっても、各相続人が当面の生活費や葬式費用の支払いなどのためにお金を必要とすることがあります。

　遺産分割前の相続預貯金の払戻し制度は、このような状況に対処するための制度で、預貯金の払戻しを1人の相続人の意思で受けることができるものです。金融機関の窓口に申し出る方法と、家庭裁判所に申し立てる方法の2つがあります。

　なお、この制度を利用するためには、金融機関などに一定の書類を提出する必要があり、提出した書類を金融機関や家庭裁判所が確認する時間も必要です。したがって、葬式費用に直接充てるのは困難かもしれません。

　金融機関の窓口に申し出る方法は、払戻しを受けられる金額に上限があります。一方、家庭裁判所に申し立てる方法は、金額に上限がないものの、利用するには預貯金だけでなく、相続財産すべてについて家庭裁判所に遺産分割の審判または調停の申し立てが必要となり、金融機関の窓口に申し出る方法より手間と費用を要することになります。

２　金融機関の窓口に申し出る方法

　各相続人は、相続預貯金のうち、口座ごと（定期預貯金の場合は明細ごと）に次の計算式で求められる額について、単独で払戻しを受けることができます。

　なお、同一の金融機関（同一の金融機関の複数の支店に相続預貯金がある場合はその全支店）からの払戻しは150万円が上限になります。

【計算式】
　単独で払戻しができる額
　＝相続開始時の預貯金額（口座・明細基準）×1／3
　　×払戻しを行う相続人の法定相続分

【計算例】

相続人が長男、長女の2名で、相続開始時の預貯金額が1口座の普通預貯金600万円であった場合

長男が単独で払戻しができる額

＝600万円×1／3×1／2＝100万円

また、金融機関の窓口に申出を行う場合には、次の書類が必要となります。

①　被相続人の除籍謄本、戸籍謄本または全部事項証明書（出生から死亡までの連続したもの）＊

②　相続人全員の戸籍謄本または全部事項証明書＊

③　預貯金の払戻しを希望する人の印鑑証明書

＊　①及び②については、ほとんどの金融機関において、法務局発行の「法定相続情報一覧図の写し」によることができます（**ケース8**参照）。

3 家庭裁判所に申し立てる方法

家庭裁判所に遺産の分割の審判や調停が申し立てられている場合に、各相続人は、家庭裁判所へ申し立ててその審判を得ることにより、相続預貯金の全部または一部を仮に取得し、金融機関から単独で払戻しを受けることができます。

なお、生活費の支弁などの事情により相続預貯金の仮払いの必要性が認められ、なおかつ他の共同相続人の利益を害しない場合に限られます。

単独で払戻しができる額は家庭裁判所が仮取得を認めた額になります。

また、家庭裁判所に申し立てを行った場合には、次の書類が必要となります。

①　家庭裁判所の審判書謄本（審判書上確定表示がない場合は、さらに審判確定証明書も必要）

②　預貯金の払戻しを希望する人の印鑑証明書

金融機関ごとに提出していた戸籍謄本等の束を「法定相続情報一覧図」の写しで済ませることができるようになった

Q

相続が発生した場合に、預貯金、不動産や株式の名義変更のため、被相続人の戸籍謄本等の束を何度も収集・提出する必要がなくなったと聞いていますがどのような制度なのでしょうか？

A

2017年（平成29年）5月から法務省が主導して「法定相続情報証明制度」がスタートしています。本制度は、法務局に戸籍謄本などの束を提出し、あわせて相続関係を一覧にした図（法定相続情報一覧図）を提出すれば、法務局からその一覧表に認証文をつけた写しが交付され、その法定相続情報一覧図の写しを利用すれば、その後の相続手続では戸籍謄本等の束を何度も提出する必要がなくなるという制度です。

------------------------------ 解 説 ------------------------------

1 法定相続情報証明制度とは

相続が開始し、被相続人の財産を相続人の名義に変更するためには、多くの戸籍謄本を収集し、それぞれの窓口に提出する必要があります。

この戸籍謄本の束は、預貯金の解約、不動産や株式の名義変更の際に必要となります。預貯金口座などの数に応じ戸除籍謄本等の束を準備し、提出しなければならず、また、集めた戸籍謄本の束が足らなければ、再度、収集す

る必要がありました。

　法定相続情報証明制度は、これらの煩雑な相続手続を簡略化するための制度です。

　一度戸籍謄本等の必要書類を法務局に提出すれば、法務局が法定相続情報一覧図の写しにより相続関係を証明してくれるので、何度も戸籍謄本を集める必要がなくなりました。

　また、法定相続情報証明制度は、①法定相続情報一覧図の写しの発行手数料が無料、②5年間なら何度でも証明書の再発行が可能、③法務局において戸籍内容を確認してくれる、④申請は、司法書士・税理士・弁護士・土地家屋調査士・社会保険労務士・行政書士などの専門家に代理してもらうことも可能、⑤郵送の申請も可能などのメリットがあります。

　現在、法定相続情報一覧図の写しは、①多くの金融機関・保険会社での相続手続、②相続税の申告書への添付（2018年（平成30年）4月1日以降）、③各種年金等手続（2020年（令和2年）10月26日以降）など、その利用範囲が順次拡大しています。

　なお、利用できない金融機関等もありますので、利用にあたっては各金融機関等へお問い合わせください。

２ 法定相続情報証明制度の具体的な手続

　法定相続情報証明制度を利用することができる方は、被相続人の相続人です。

　なお、相続人のほか、弁護士、司法書士、土地家屋調査士、税理士、社会保険労務士、弁理士、海事代理士及び行政書士は、代理人として本制度の申出をすることができます。

　法定相続情報証明制度の具体的な手続は、

①　必要書類の収集

②　法定相続情報一覧図の作成

③　申出書の記入、登記所（法務局）へ申出

の順に進めていきます。

　手続にあたって、必要となる書類は、

① 　被相続人の出生から亡くなられるまでの連続した戸籍謄本及び除籍謄
　本

② 　被相続人の住民票の除票

③ 　相続人全員の現在の戸籍謄本または抄本(被相続人が死亡した日以後の証
　明日のもの)

④ 　申出人（相続人の代表となって、手続を進める方）の氏名・住所を確認す
　ることができる公的書類

です。

　また、

⑤ 　法定相続情報一覧図に相続人の住所を記載する場合には、各相続人の
　住民票記載事項証明書（住民票の写し）

⑥ 　委任による代理人が申出の手続をする場合には、委任状及び親族が代
　理する場合は申出人と代理人が親族関係にあることがわかる戸籍謄本・
　資格者代理人が代理する場合は資格者代理人団体所定の身分証明書の写
　し等

⑦ 　上記②の書類を取得することができない場合は被相続人の戸籍の附票
が、それぞれ必要となります。

新しく創設された配偶者居住権は
相続税の節税対策になる？

Q

新しく創設された「配偶者居住権」を利用すると相続税の負担軽減を図ることができるのでしょうか？

A

2020年（令和2年）4月1日以後に発生する相続から認められることとなった「配偶者居住権」は、被相続人の配偶者の生活の安定が目的で創設された制度です。

なお、「配偶者居住権」は、配偶者が亡くなったときの相続（二次相続）時に消滅し、その消滅部分には相続税が課税されないことから節税になると考えられています。しかし、配偶者居住権を設定すると、その家屋を自由に売却することが困難になるなどのデメリットもあり、注意が必要です。

解説

---

1 配偶者居住権とは

「配偶者居住権」とは、被相続人の配偶者が、被相続人が亡くなった後も、被相続人が所有していた自宅にそのまま住むことができる権利で、被相続人の死亡が2020年（令和2年）4月1日以降の場合に認められる制度です。

被相続人が死亡した後、生前と同じように、自宅に住み続けたいという配

偶者は多いでしょう。しかし、自宅の財産価値が高い場合など、配偶者が遺産分割により自宅の土地建物を取得すると、預貯金などの他の財産を取得できず、その後の生活に困ることなどの問題がありました。

このため、一定の要件を満たす場合、配偶者は、居住建物について終身または一定期間につき、使用・収益を認める内容の権利（配偶者居住権）を取得することができます。

この制度により、自宅の土地建物を他の相続人が取得しても、無償で自宅に住み続けることができます。また、配偶者居住権は不動産そのものよりも財産的な価値が低いため、他の遺産の取得分が増えることになります。

ただし、配偶者居住権を取得するためには、遺産分割協議（または調停・審判）で定めるか、被相続人からの遺贈（遺言による贈与）の必要があります。配偶者であれば当然に認められるわけではありませんので、注意が必要です。

具体的には、自宅（建物）に関する権利を「居住権」と「所有権」に分け、「居住権」は配偶者、「所有権」は他の相続人（被相続人の子などを想定）が相続するようにできます。

配偶者居住権は自宅の建物に住むための権利ですが、建物に住むには敷地も利用します。そのため、配偶者居住権には敷地の利用権「配偶者敷地利用権」も付随します。

配偶者居住権の相続税評価額の計算では、建物の利用権である配偶者居住権とあわせて、配偶者敷地利用権も評価します。

自宅に配偶者居住権を設定した場合は、建物の価額は配偶者居住権と所有権に分けて評価します。

敷地の価額についても、配偶者敷地利用権と所有権に分けて評価します。

なお、配偶者敷地利用権は土地の上にある権利であるため、小規模宅地等の特例（**ケース40**参照）を適用することができます。

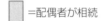=配偶者が相続

=子供など他の相続人が相続

　配偶者が「配偶者居住権」を相続し、子が自宅の所有権を相続すれば、配偶者は自宅に居住でき、かつ生活資金を相続により確保しやすくなります。

　「配偶者居住権」は配偶者が生きている間は存続し（存続期間を定めることも可能）、配偶者は亡くなるまで自宅に住み続けることができますが、亡くなれば消滅します。

　ただし、「配偶者居住権」は配偶者の生活の安定を目的としているため、売買や譲渡はできません。

２ 配偶者短期居住権

　配偶者は、相続開始の時に被相続人が所有する建物に無償で居住していた場合には、遺産分割によりその建物（居住建物）の帰属が確定する日、または相続開始の時から６か月を経過する日のいずれか遅い日までの間、無償で居住建物を使用する権利（配偶者短期居住権）が認められています。

　ただし、遺言がある場合などは、短期居住権が成立しないケースもあります。

３ 「配偶者居住権」に節税効果はあるか

　「配偶者居住権」や「配偶者敷地利用権」は、その所有している配偶者が亡

くなったときは消滅するとされていることから、その配偶者の相続（二次相続）において、その消滅した配偶者居住権の価値相当は相続財産とならず、相続税の節税になると考えられます。

一方、次のような理由で配偶者居住権が消滅した場合は、配偶者から所有者への贈与があったとみなされ、贈与税の課税対象になります。

① 配偶者と所有者の合意で消滅した

② 配偶者が配偶者居住権を放棄した

③ 所有者による消滅の請求があった

例えば、配偶者が老人ホームに入居し、配偶者居住権が設定されている家屋の売却を検討する場合、まず、配偶者居住権を消滅させる必要が生じます。この場合、上記により、贈与税の対象となります。

このことから、相続税の節税効果に着目し、安易に配偶者居住権を設定することには注意が必要です。

第 3 章

贈与と贈与税の
基本を押さえる

贈与の概要

Q

贈与の定義や成立の時期、一度行った贈与の撤回の可否、贈与した財産についての担保責任など、贈与の概要について教えてください。

A

民法では贈与を、ある財産を無償で相手方に与える意思を示し、相手方がこれを受諾することによって成り立つ片務・諾成・無償の契約であるとしています。贈与は書面による贈与と書面によらない贈与とに区分されますが、このうち書面によらない贈与については解除することができます。

また、贈与は無償による契約という特殊性があるため、基本的に贈与者は担保責任を負いません。

解 説

1 贈与の定義 (民549)

贈与は当事者の一方が「この財産をあなたに差し上げます」と相手方に与える意思を示し、相手方が「はい、いただきます」と受諾することで成り立つ契約です。その性質は片務契約といって、贈与者だけが財産を渡すという債務を有しているのに対し、受贈者側ではこれに対する対価的な義務を負わないというものです。

　また、贈与は諾成契約といって当事者の意思表示が合致することにより成立します。目的物の引渡しを要件とせずに成立する契約であって、かつ無償の契約であると規定されています。

　贈与の時期についてはそれぞれ次のように定められています（相基通1の3・1の4共－8、1の3・1の4共－9、1の3・1の4共－10）。

① 　書面による贈与

　　その贈与契約の効力が発生した時

② 　書面によらない贈与

　　その贈与の履行があった時

③ 　停止条件付贈与

　　その条件が成就した時

④ 　その他農地等届出の許可が必要な財産については農業委員会や管轄の県知事等の許可のあった日

2 書面によらない贈与の解除（民550）

　贈与はお互いの意思が合意すれば足りるため、書面の取交しは必ずしも必要としません。すると、一度成立した贈与は取り消すことができるのか否かという問題が生じます。民法では贈与を書面による贈与と書面によらない贈与とに区分しており、このうち書面による贈与は解除ができないのに対して、書面によらない贈与については、解除することができるとしています。贈与がお互いの意思表示によって成立するため、贈与者が慎重さを欠いて、軽率に約束した場合の効果を否定することができるようにしているためです。

　ただし、すでに履行が終わった部分についてはこの限りではないとされていますので、履行がすでに終了してしまった段階では、書面によらない贈与についても解除ができないこととなっています。

3 贈与者の引渡義務等（民551）

　贈与した目的物に瑕疵があったとしたらどうなるでしょうか。仮に物品を購入した場合には、その品物が欠陥品であったならば、購入した人は売主に対して、欠陥品を売った責任を追及することができます。この権利のことを「担保責任」といいます。ところが有償による売買と違い、贈与は無償による契約という特殊性があるため、基本的に贈与者は担保責任を負いません。タダでもらっているわけですから、多少の不具合があっても我慢すべきというのが民法の考え方です。このことから民法では、契約の内容に適合した目的物を引き渡す債務を負うことを前提し、その上で贈与者の責任を軽減する観点から、「贈与者は、贈与の目的である物又は権利を、贈与の目的として特定した時の状態で引き渡し、又は移転することを約したものと推定する」と定められています。

　なお、負担付贈与（**ケース23**参照）の場合は無償による贈与と異なります。どこが違うかというと、無償の場合には受贈者側は財産をもらうだけで、負担する部分がありません。これと違って負担付贈与の場合は贈与を受ける側にも何かしらの負担が発生するため、受贈者が負う負担を限度として担保責任があるとされています。

ケース **11**

遺贈・死因贈与

Q

遺贈・死因贈与の違い、また、これらと通常の贈与・相続との違いはどのような点にあるのでしょうか。

A

通常の売買等を除き財産が移転される原因として、相続、遺贈、生前贈与、死因贈与が挙げられます。このうち生前贈与以外は人の死によって財産が移転されますが、対象となる人の範囲や方法にそれぞれ下記の特徴があります。

	遺　贈	死因贈与	相　続	相続時精算課税	生前贈与
移転時期	相続時	相続時	相続時	贈与時	贈与時
対　象	限定なし	限定なし	法定相続人	60歳以上の者から推定相続人または孫	限定なし
課税種目	相続税	相続税	相続税	贈与税20%後相続税で精算	贈与税
その他	遺言書	両者の合意	―	贈与時の価額で相続財産に加算	相続開始前3年内相続財産に加算する場合あり

　相続では財産などの様々な権利や義務を承継するのは法定相続人に限定されます。どの財産を誰に相続するかは相続人による遺産分割協議により決めていくことになります。自分の財産をお世話になった人など相続人以外の人に譲ったり、財産の分割に自分の意思を反映させたい場合には、遺贈による方法があります。

1　遺贈とは

　遺言によって、財産を譲り渡すことを遺贈といいます。相続が相続人のみを対象とすることと比較すると、遺贈は相続人以外にも財産を譲ることができます。

　遺贈には、例えば自宅は妻に、有価証券は長男にというように特定の財産を誰に相続させるかということを具体的に指定する遺贈（特定遺贈）と、財産のうち、全体の 3/4 を妻に 1/4 を長男になどというように一定の割合を示す遺贈（包括遺贈）があり、いずれも遺言を書いて遺言者の意思を相続に反映させる方法です。遺贈によれば法定相続人以外の誰でも財産を取得することができます。

2　死因贈与と遺贈の違い

　遺贈に対して、死因贈与は、贈与者の死亡によって効力が生ずる贈与です。生前贈与の場合は贈与者が生きているうちに財産の引渡しが行われますが、死因贈与では贈与者の死亡によって財産の移転が行われます。したがって、死因贈与は遺贈と同様、贈与税ではなく相続税が課せられます。また、死因贈与も遺贈も相続人以外に財産を贈与することができます。

　死因贈与（民554）は遺贈と似ていますが、遺贈との違いは次のような点にあります。

　まず、死因贈与は贈与であるため贈与契約が必要です。契約といっても必ずしも書面の取交しは必須ではありませんが、契約ですから財産をあげる側

だけでなくもらう側が了解していないといけません。自分が死んだときには「この財産をあげよう」と贈与者がその意思を伝え、受贈者側が「はい、いただきます」ともらう意思を示すことが必要です。また、遺贈には遺言書が必須である点が死因贈与と異なります。

遺言書の場合は、内容を自分以外の人に秘密にしておくということが可能ですが、死因贈与は譲る相手の同意が必要ですから、生きているうちに財産を誰に譲るのか明確になる点の違いがあります。

また、死因贈与は贈与税でなく相続税の対象となることから相続時精算課税との共通点もありますが、相続時精算課税は贈与時に財産の移転があるのに対し、死因贈与は亡くなってはじめて効力が発生しますので、相続時まで財産が移転しないところが異なります。

Check!

- 遺贈は、遺言によって財産を譲り渡すもの
- 死因贈与は、書面なしでも契約は成立するものの、契約書を作成しておくことで相続後のトラブルを回避できる
- 法定相続人以外の人に財産を相続させたい場合には、遺言（遺贈）や死因贈与等の準備を行う

贈与税の概要（その1）

Q

贈与税の概要について教えてください。

A

　相続税は人が死亡した時にしか財産に対する課税が行われません。贈与税という制度がないと、生前に贈与した人と贈与しなかった人との間に不公平が生じます。国は課税の公平性を保つため相続税の補完税として生前の財産の移転である贈与に対して課税しています。

　贈与税の課税方法には「暦年課税」と「相続時精算課税」の２つがあり、一定の要件に該当する場合に「相続時精算課税」を選択することができます。

解説

---

1 課税根拠

　相続税は個人が死亡した時に発生する税金であり、相続や遺贈により財産を取得した場合には、その財産や相続人の人数に応じて相続税がかかります。もし贈与税という制度がないと、生前に財産を妻や子どもなどに移転してしまい、相続税制度が意味なくなってしまいます。

　国は税負担の公平性を重視していますので、贈与があった場合には生前における財産の移転による徴税機能が働く制度があることが必要です。相続税

を補完する贈与税の課税根拠はここにあるとされています。

2 暦年課税（相法21、21の2、21の5）

　贈与税は個人から財産をもらったときにかかる税金です。贈与税はその年の１月１日から12月31日までの１年間にもらった財産の合計額から、基礎控除額の110万円を差し引いた残りの額に対して贈与税が課税されます。１年間にもらった財産の合計額が110万円以下なら贈与税はかかりませんし、申告も必要ありません。この110万円はもらった側の合計額ですので、例えば実父から60万円、実母から60万円もらえば合計で120万円になって110万円を超えますので、課税対象となり、申告が必要です。

3 相続時精算課税（相法21の9ほか）

　これに対して相続時精算課税とは、相続時精算課税を選択した贈与者ごとにその年の１月１日から12月31日までの１年間に贈与を受けた財産の価額の合計額を（その金額が110万円以下でも）申告していきます。

　贈与時には贈与財産に対する贈与税を納め、その贈与者が亡くなった時に相続財産の価額と相続時精算課税によって取得した贈与財産の価額とを合計した金額を基に相続税額を計算します。ここからすでに納めた贈与税相当額を控除することにより贈与税・相続税を通じた納税を行うものです。相続により将来取得できるであろう財産を贈与者の生前に取得できるので、受贈者は早期にその財産を活用することができます。

　この適用を受けるには、まず贈与を受けた財産について相続時精算課税を選択することが必要です。同一年に複数の贈与者から贈与を受けた場合には、相続時精算課税を選択した贈与者からの贈与とそれ以外の人からの贈与とを区分します。相続時精算課税贈与者（例えば実父）から１年間に贈与を受けた財産の価額の合計額を基に相続時精算課税の贈与税額を計算し、それ以外の贈与者（例えば実母）からの贈与は暦年課税での申告になります。

　一度、相続時精算課税を選択すると、その贈与者（この場合実父）からの贈

与税は生涯相続時精算課税となり、暦年課税には戻れません。この選択は贈与者ごとですので、このケースでは実父からの贈与はこの年以降実父が亡くなるまで、すべて相続時精算課税となり、贈与のあった年以降、贈与価額にかかわらず申告が必要になります（110万円の基礎控除はありません）。

またそれ以外の人（例えば実母）からの贈与は暦年贈与となります。父と母で贈与者ごとに贈与制度を選ぶ形をとることができ、相続時精算課税を選択しない贈与はすべて暦年贈与となります。

相続時精算課税については特別控除額が2,500万円ありますので、贈与財産の価額がこの金額に達するまでの間は申告のみで贈与税はかかりません。相続時精算課税の選択した年以降、累積した贈与価額が2,500万円を超えた場合に、その超えた部分について一律20％の税率で贈与税が課税されます。

この相続時精算課税を選択する場合には、贈与税の申告期限（贈与翌年の2月1日から3月15日）までに贈与税の申告書と相続時精算課税選択届出書を税務署に提出することが要件です。

ケース 13

贈与税の概要（その2）

Q

贈与税の申告状況と最近の税務調査について気をつけておくべき点が あれば、アドバイスをください。

A

　贈与税の税務調査の実績を示すと、2019年度（令和元年度）が実地調査件数3,383件に対して申告漏れ等の事案が3,217件、調査件数に対する申告漏れ等の件数の割合は約95％、調査1件あたりの申告漏れ課税価格は643万円、追徴税額は231万円と非常に高い水準になっています。

解説

1 申告状況

　贈与税の申告を内訳別に見ますと、暦年課税による申告が2020年分（令和2年分）では44万6,000人、相続時精算課税による申告が3万9,000人となっており、納税額はあわせて2,772億円でした。

　暦年課税の申告のうち約21％は申告のみで納税を伴わない贈与でした。相続時精算課税については累計で2,500万円まで贈与税としては非課税ですので、約90％が納税を伴わない贈与となっています。

　相続時精算課税は平成15年にできた制度です。相続時精算課税の申告件数は暦年贈与の申告件数の約9％で、申告件数としては少ないですが、取得

した1件あたりの財産の価額（令和元年ベース）で見ると、暦年贈与が387万円であるのに対し1,381万円と1件あたりの贈与財産価額は大きいというのが特徴です。

また、贈与税の特例制度である住宅取得等資金の非課税制度（**ケース26**参照）の利用者は59千人で1人あたりの適用額は986万円、教育資金の非課税制度（**ケース27**参照）の利用者は34千人で1人あたりの適用額は671万円、結婚・子育て資金の非課税制度（**ケース28**参照）の利用者は630人で1人あたりの適用額は460万円となっています（いずれも令和元年分）。

② 税務調査状況

国税庁では「相続税の補完税である贈与税についても、積極的に資料情報を収集するとともに、あらゆる機会を通じて財産移転の把握に努めており、無申告事案を中心に贈与税の調査を的確に実施」するとしています。実際、税務調査が入ると、ほとんどの場合で指摘を受けるというのが昨今の実態です。

税務調査では、税務署は事前に金融機関等の調査をして、贈与者や家族の預金残高や預金の移動状況等を調査し、ある程度の確証を持って受贈者への調査が行われるケースが多いですから、名義預金や隠し預金は発見される可能性が高くなっています。申告漏れの財産の種類としては、現預金や有価証券が高い確率で指摘されています。

Check!

▶ 生前贈与による財産の移転は相続対策上効果があるが、対応を誤るとペナルティも大きい

ケース **14**

贈与税の課税財産、非課税財産

Q

贈与税について、どのような場合に課税されるか、また、非課税となるときはどのような場合かを教えてください。

A

贈与税は贈与により財産を取得した場合に課税される以外に、相続税法5条から9条の5及び租税特別措置法70条の2の2から70条の2の3に規定する贈与により取得したとみなされる場合にも課税されます。また、その財産の性質や贈与の目的により一定の非課税財産も規定されています。

------ 解説 ------

1 課税財産について

❶贈与を受けた財産

贈与を受けた財産とは当事者間の契約により取得したすべての財産のことをいいます。財産の贈与は、一般に親族等の特殊関係がある者同士で行われることが多く、一般的な贈与のほか、売買や賃借の形式をとることもあります。しかし、その実質が贈与である場合には、形式にとらわれず、贈与税の課税が行われます。

また、不動産や株式等の名義変更があった場合で、対価の支払いがない場

合や他人名義で新たに不動産や株式を取得した場合には原則としてその名義人となった者が贈与を受けたものとして課税が行われます（相基通9-9）。

❷贈与を受けたとみなされる財産

贈与を受けた財産ではなくても、下記に記載する経済的効果が、実質的に贈与と同様とみなされることで贈与税が課されることとなります。

イ　満期等により取得した生命保険金等（相法5）

ロ　給付事由の発生により取得した定期金の受給権（相法6）

ハ　低額の譲受けにより受けた利益（相法7）

ニ　債務の免除、引受けなどにより受けた利益（相法8）

ホ　その他の事由により受けた経済的な利益（相法9）

ヘ　委託者以外の人を受託者とする信託の信託受益権（相法9の2）

ト　教育資金の非課税制度による信託受益権等の契約が終了した場合の残額（措法70の2の2）

チ　結婚・子育て資金の非課税制度による信託受益権等の契約が終了した場合の残額（措法70の2の3）

2 非課税財産について

贈与の目的によっては、贈与税を課税することが適当でない財産もあります。その贈与の性質または贈与の目的等からみて、下記に記載する財産には贈与税を課さないこととされています（相法21の2④、21の3、21の4、相基通21の3関連）。

① 法人から贈与を受けた財産（贈与税ではなく個人の所得税）

② 扶養義務者からの生活費や教育費等（通常必要と認められる範囲内のみ）

③ 宗教等公益を目的とする事業を行う人がその事業のために使用する財産

④ 学術に関する顕著な貢献または研究の奨励として財務大臣が指定した特定の公益信託から交付された金品

⑤ 学資の支給を行うことを目的とする特定の公益信託から交付された金品

⑥ 心身障害者共済制度に基づく給付金の受給権

⑦　選挙候補者が選挙管理委員会に報告された選挙運動に関し取得した金品等が、公職選挙法の規定により報告されたもの

⑧　相続や遺贈によって財産を取得した人がその相続があった年に被相続人から受けた贈与

⑨　香典や贈答品などで常識的な範囲内のもの

⑩　特別障害者扶養信託契約に基づく信託受益権（6,000万円以内）

⑪　住宅取得等資金の非課税制度の適用を受ける金銭

⑫　教育資金の非課税制度の適用を受ける金銭

⑬　結婚・子育て資金の非課税制度の適用を受ける金銭

贈与税の納税義務者

Q

贈与税の納税義務者は誰が該当することになるのですか。

A

　贈与税の納税義務者は、贈与によって財産を取得した者（自然人に限る）とされていますが、贈与税の税負担の公平を図るため、人格のない社団等や公益法人等も個人とみなして、納税義務者となることがあります。また、個人でも住所や国籍によって課税財産の範囲が定められています。

解 説

1 個人（自然人）の納税義務者

　贈与税の納税義務者は、その者の住所や国籍によって、下記の4つに区分されます（相法1の4、2の2）。

① 居住無制限納税義務者………次表①

　　⇒　日本国内・日本国外を問わずすべての受贈財産に課税されます。

② 非居住無制限納税義務者……次表②

　　⇒　日本国内・日本国外を問わずすべての受贈財産に課税されます。

③ 居住制限納税義務者…………次表③

　　⇒　日本国内の受贈財産に限り課税されます。

④ 非居住制限納税義務者………次表④

　　⇒　日本国内の受贈財産に限り課税されます。

《納税義務者の判定》

課税時期：令和３年４月１日〜

贈与者＼受贈者		国内に住所あり	国内に住所なし		
			日本国籍あり		日本国籍なし
		一時居住者*	10年以内に国内に住所あり	10年以内に国内に住所なし	日本国籍なし
国内に住所あり		①居住無制限納税義務者	②非居住無制限納税義務者		
	就労外国人（入管法別表第一の在留資格で居住）	③居住制限納税義務者		④非居住制限納税義務者	
国内に住所なし	日本国籍あり 10年以内に国内に住所あり	①居住無制限納税義務者	②非居住無制限納税義務者		
	日本国籍あり 10年以内に国内に住所なし	③居住制限納税義務者		④非居住制限納税義務者	
	日本国籍なし				

　　□ 国内・国外財産ともに課税　　■ 国内財産のみ課税

＊　出入国管理及び難民認定法別表第１の在留資格で滞在している者で、贈与前15年以内において国内に住所を有していた期間の合計が10年以下の者

２ 個人とみなされる納税義務者

　贈与税の納税義務者となる個人とみなされる納税義務者は、その性質や要件によって下記の２つに区分されます。

　①　人格のない社団等（代表者または管理者の定めのある人格のない社団または財団）……………………例）PTA、同窓会、町内会など

　　⇒　構成員が個人であるときには贈与税が課税されます。

　②　持分の定めのない法人……例）一般財団法人、一般社団法人、学校法

人等

⇒　遺贈者等の親族その他これらの者と特別の関係がある者の相続税または贈与税の負担が不当に減少する結果となると認められるときが要件となります。

ケース **16**

みなし贈与の概要

Q

金銭や不動産の贈与のほかに、贈与とみなされることがあるとのことですが、具体的にはどのような場合をいうのでしょうか。

A

みなし贈与とは、民法上の贈与にはあたらないが、実質的に経済的利益を享受している場合のことをいいます。実態は贈与と変わらないため、本人同士の意識するところではなくとも贈与税の課税対象となることから、注意が必要となります。

解説

贈与税の対象となるみなし贈与について、相続税法上は下記の規定が設けられています。

① 生命保険金等（相法5）

保険料を負担していない人が満期金や解約返戻金、死亡保険金を受け取った場合、保険料負担者からの贈与があったとみなされ、贈与税が課税されます。

なお、贈与税や相続税の場合、保険契約については、契約者ではなく保険料負担者が誰であるかの部分が重要となります。

② 定期金に関する権利（相法6）

定期金の受取人以外の者が負担していた掛金に相当する定期金に関す

る権利は、贈与により取得したとみなされ、贈与税が課税されます。

③　低額譲渡を受けた場合（相法 7）

著しく低い価額の対価で財産を譲り受けた場合には、その財産の時価との差額につき贈与により取得したものとみなされ、贈与税が課税されます。

④　債務免除等（相法 8）

自身が負っている債務を債権者からなしにしてもらう、また、他人に肩代わりしてもらった場合には、経済的利益を受けておりますので、免除された債務部分について、贈与税が課せられます。

なお、資力喪失で債務の返済が不可能であることが明らかな場合には、返済不可部分については、非課税となります。

⑤　その他の経済的利益（相法 9）

上記①から④のほか、対価を支払わないで、または著しく低い価額の対価で利益を受けた場合においては、その利益相当額につき贈与により取得したものとみなされ贈与税が課税されます。

⑥　信託等の受益権（相法 9 の 2、9 の 5）

自身が保有してない信託の運用益を受けた場合です。当該運用益は贈与とみなされ、贈与税が課税されます。

Check!

- みなし贈与がある場合には、当人同士の自覚がないこともあるため注意が必要となる
- 差額が贈与とみなされる場合には、時価を基礎に課税される

ケース 17

低額譲渡

Q

　財産の譲渡を受けた場合において贈与とみなされる場合があります
が、それはどのような場合でしょうか。

A

　財産の譲渡を受けた場合において、その財産の譲渡価額の金額がその
財産の価額に比して著しく低い価額である場合には、その財産の種類に
応じて通常の取引価額または相続税評価額の金額と譲渡価額との差額が
財産を譲渡した者からの贈与により取得したものとみなされます。

解説

1 著しく低い価額の判定

　著しく低い価額の判定をする際の基準となる時価とは、譲渡財産が土地等
または家屋等である場合には、通常の取引価額（第三者との間で取引される売買
金額）に相当する金額を基準とし、譲渡財産が土地等または家屋等以外であ
る場合は相続税評価額で評価した金額が基準となり、これらの金額と譲渡価
額との差額が贈与とみなされることになります。

　なお、相続税法においては、著しく低い価額の判定について所得税法のよ
うに規定されていません。よって、所得税法施行令169条に定めている、時
価の2分の1に満たない金額とは異なり、個々の具体的事例に基づいて判定

する必要があります（平成元年3月29日付直評5ほか）。

この場合、土地を相続税評価額である時価の約80％で譲渡した事例において低額譲渡にあたらないとした裁判例があります（東京地判平19.8.23）。

2 譲渡財産が2以上ある場合

譲渡財産が2以上の財産である場合における著しく低い価額に該当するかの判定は、個々の財産ごとに判定を行うのではなく譲渡契約ごとに2以上の財産を1つとみなした上で財産の価額が著しく低いかどうかを検討する必要があります（相基通7-1）。

3 譲渡を受けた者が、資力を喪失して債務を弁済することが困難である場合

「資力を喪失して債務を弁済することが困難である場合」とは、財産の譲渡を受けた者の有する債務の金額がその者の積極財産の価額を超える場合をいいます（相基通7-4）。

債務の弁済が困難な場合においてその者の扶養義務者からその債務の弁済にあてるために当該贈与を受けた場合において債務の弁済が困難である部分に対応する部分の金額については、贈与税は課税されません。

なお、贈与税が課税されない理由は、財産の譲渡を受けた者がその者の扶養義務者からの救済措置に基づいて受ける利益についてまで課税することは適当でないと考えられるためです。

Check!

- ▶ 財産の譲渡を行う場合には、その財産の種類に応じて通常の取引価額または相続税評価額を算出した上で譲渡に係る取引価額との差額を把握し、贈与税がかかる可能性があることを検討する必要がある

ケース **18**

債務免除

> ## Q
>
> **債務免除を受けた場合において贈与とみなされ贈与税が課税されるようですが、それはどのような場合でしょうか。**
>
> ## A
>
> 　債務免除等を受けたことにより、当該債務免除等により受けた利益に相当する金額を贈与により取得したものとみなされます。

―――――――――――― 解 説 ――――――――――――

1 債務免除等による贈与税課税

　対価を支払わないでまたは著しく低い価額の対価で下記行為による利益を受けた場合には、これらの行為があった時において、その利益を享受した者が、当該行為を行った者から、その利益の金額に相当する金額を贈与により取得したものとみなされます（相法8）。

① 債務の免除

② 債務の引受け

③ 第三者のためにする債務の弁済

2 対価を支払った場合の利益の金額に相当する金額

　債務免除の際に対価の支払いをした場合には、債務免除金額から対価の額

を控除した残額が債務免除をした者から贈与により取得した利益の額とみなされ、贈与税が課税されます。

3 債務の引受け

　債務の引受けとは、債務者以外の者が債務者に代わって債務の弁済を行うことです。例えば親が子の借金を肩代わりするケースや、本来ならば本人が支払うべき相続税を他の相続人が支払ってしまうケースなどです。これらの場合、肩代わりした金額は贈与税が課税されます。

4 免除を受けた者が、資力を喪失して債務を弁済することが困難である場合

❶債権者から債務免除を受けた場合

　資力を喪失して債務を弁済することが困難である場合において、債権者からその債権の一部または全部の免除を受けた場合には、債務者が有する債務のうち弁済が困難である部分の金額について贈与税は課税されません。

❷扶養義務者が当該債務の引受けまたは弁済を行った場合

　資力を喪失して債務の弁済が困難な場合においてその者の扶養義務者が、当該債務の全部または一部の引受けまたは弁済を行った場合において、債務者が有する債務のうち弁済が困難である部分の金額については贈与税は課税されません。

ケース 19

同族会社の巻き込み課税

> **Q**
>
> 同族会社の株式または出資の価額が増加した場合において、贈与と認定されることがあるようですが、それはどのような場合でしょうか。
>
> **A**
>
> 同族会社において一定の事由が生じ、当該同族会社の株式または出資の価額が増加した場合には、株式等の価額が増加した部分に相当する金額を贈与により取得したものと取り扱われます。
>
> 例えば、同族会社の株主が会社に対して有していた貸付金の免除を行った結果、株価が上昇し、他の株主へ贈与があったと取り扱われるといったケースがあります。

------- 解説 -------

1 贈与により取得したものとして取り扱う事由と贈与者とされる者
（相基通9-2）

① 会社に対して無償で財産の提供があった場合においては、当該財産を提供した者

② 時価より著しく低い価額で現物出資があった場合においては、当該現物出資をした者

③ 対価を受けないで会社の債務の免除、引受けまたは弁済があった場合

においては、当該債務の免除等をした者

④　会社に対して時価より著しく低い価額の対価で財産の譲渡をした場合
においては、当該財産の譲渡をした者

2 贈与による財産取得時期

当該贈与における財産の取得時期は、下記それぞれの時となります。

①　財産の提供があった時

②　現物の出資があった時

③　債務の免除があった時

④　財産の譲渡があった時

3 贈与に該当しない場合 (相基通9-3)

会社の資力が喪失した場合において上記 1 ①～④に該当する行為を行った
場合に、会社の債務超過に相当する部分の金額については贈与として取り扱
われないことになります。

なお、会社が資力を喪失した場合とは、会社の債権整備のために負債整理
に入っている場合のことをいい、一時的に債務超過となっている場合におい
て上記 1 ①～④の行為を行った場合には、贈与税が課税されるため注意が必
要です。

Check!

▶ 財産の無償提供のみならず、債務免除等も含まれるため、同族会社の
株価に影響を与えるような行為については慎重に判断する

離婚時の財産分与

Q

離婚時の財産分与で税金がかかる場合があるそうですが、本当にそのようなことはあるのでしょうか。

A

財産分与の際において贈与税または譲渡所得税が課税される場合があります。

解 説

1 財産分与とは

民法においては、離婚があった際に夫婦の一方が相手方に対して財産分与請求権を有するとされております（民768）。

この財産分与請求権の性質としては、

① 婚姻中に夫婦が蓄積した財産の清算としての性質

② 配偶者に対する扶養としての性質

③ 有責配偶者からの慰謝料としての性質

の３つがあり、財産分与によって取得した財産は上記性質を有することから、原則として贈与税の課税対象にはなりません（相基通9‐8）。

2 贈与税がかかる場合

　相続税法基本通達9-8但書において、贈与税が課税される場合の記載があり、下記の場合のいずれかに該当する場合は贈与税が課されることになります。

　　①　分与に係る財産の額が婚姻中の夫婦の協力によって得た財産の額やその他すべての事情を考慮してもなお多すぎる場合

　　②　離婚を手段として贈与税または相続税の負担を不当に減少させると認められる場合

3 譲渡所得税がかかる場合

　財産分与として譲渡所得の起因となる資産（土地や建物等）を給付した場合には、財産を渡した側において譲渡所得税が課されます。

　これは譲渡所得の起因となる財産を売却した上で、その売却代金を財産分与においてその現金を渡したと考えるためです。

　この際の譲渡所得の起因となる収入金額は、当該財産分与時の価額によるものとされています。また、財産分与により取得した財産を取得者が売却した際の譲渡所得税計算に係る取得費は財産分与時の価額により取得したものとされます（所基通33-1の4）。

> ### Check!
> ◉ 金銭により、財産分与をした場合には、譲渡所得税は課されない

財産の名義変更があった場合

Q

父が私の知らない間に私名義で株式を購入していました。この場合の課税関係はどうなるのでしょうか。

A

対価を得ないで財産の名義変更をした場合や、他人名義で財産の取得が行われた場合においては、原則として贈与として取り扱われることになります。

------------- 解 説 -------------

1 財産の名義変更があった場合の課税関係

贈与とは、当事者の一方がある財産を無償で相手方に与える意思を表示し、相手方がこれを受託することで効力を生じる契約をいいます（民549）。

そのため、無償で財産の名義変更があった場合や、他人名義での財産の取得があった場合も、当事者間の意思表示により判断すべきと考えられます。

しかし、一般的に贈与は他人間よりも夫婦間や親子間などの親族間で行われることのほうが多く、贈与があったかどうかの認定は困難といえます。また、贈与の意思があったと認めた場合だけ贈与税を課税し、意思を認めないものに対しては贈与税の課税をしないことは、公平性に欠いています。

そこで、不動産、株式等の名義変更があった場合において、対価の授受が

行われていないときまたは他の者の名義で新たに不動産、株式等を取得した場合、これらの行為は、原則として贈与として取り扱うこととされています（相基通 9 - 9）。

2 名義変更後にその取消し等があった場合の取扱い

　財産の名義変更または他人名義による財産の取得が行われた場合において、それが贈与の意思に基づくものでなく、止むを得ない理由に基づいて行われた場合や、錯誤に基づいて行われた場合は贈与税の課税をすべきではないと考えられます。一方、名義変更や他人名義による財産の取得が前述の事由に該当するかどうかの判断については、かなりの困難を伴います。

　そこで、財産の名義変更または他人名義による財産の取得があった場合において、その行為が贈与の意思に基づくものでない場合や、やむを得ない事由に基づいて行われたものかの判断については、個別通達において定められています。

　具体的には、①名義人となった者がその名義人となっている事実を知らなかったこと、②名義人となった者がその財産を管理、運用、収益の享受をしていないこと、を要件に、その財産の名義変更に係る最初の贈与税の申告もしくは決定または更正の日前に元の名義人に名義を戻した場合に限り、贈与がなかったものとして取り扱うこととされています（昭和 39 年 5 月 23 日付直審（資）22 ほか）。

Check!

❥ 不動産・株式等の名義の変更は、原則として贈与となる

❥ 財産の名義変更が行われていても、①贈与の事実は知らない　②財産の管理・運用・収益の享受は行っていない場合、贈与者の名義財産として、相続財産に認定される場合もあることに注意

ケース **22**

無利子の金銭貸与

> # Q
>
> 　1年前に息子に対して200万円を貸与しました。毎月5万円ずつ20回に分けて返済する内容の契約書を作成し、返済もきちんと行われています。この場合は、贈与税の問題はないと考えてよいでしょうか。
>
> # A
>
> 　親子間など特殊関係がある相互者間で、無利子の金銭貸与があった場合には、利子相当分の利益を受けたものとして贈与税を課税される可能性があります。
>
> 　ただし、設問のように利子相当額の金額が少額な場合や、課税上弊害がないと認められる場合には贈与税の対象としなくてもよいとされています。

------------------------- 解 説 -------------------------

1 特殊関係者間の無利子の金銭貸与

　夫と妻、親と子、祖父母と孫など特殊関係がある者相互間で、金銭などのやりとりがあった場合、実際には贈与であるにもかかわらず、貸与という形にして贈与税の課税を回避しようとするケースがよくみられます。

　そこで、これらの特殊関係者間で金銭貸与等があった場合には、それが貸与であるのか贈与であるのかをよく念査する必要があり、その上で貸与であ

ることが明らかな場合でも、無償または無利子で土地、家屋、金銭等の貸与があった場合には、地代、家賃、利息相当額について相続税法9条に規定する経済的利益の享受に該当し贈与を受けたとみなされることが規定されています。

　ただし、経済的利益の享受に該当する場合でも、その利益を受ける金額が少額である場合や、課税上弊害がないと認められる場合には、強いて経済的利益に対して課税しなくてもよいとされています（相基通9‐10）。

2 無利子貸与について

　通常、金銭の貸借りがある場合には、利息が設定されます。しかし利子に相当する金額が少額の場合は、課税上弊害がないと考えられることから、利子相当額について贈与を指摘される可能性は低くなります。しかしながら、貸与する金額が大きい場合や、返済期間が長い場合には、特殊関係者間の金銭貸与にも、利子が付される可能性があるため注意が必要です。

3 計画的な返済の実施の重要性

　親族間で金銭消費貸借契約書を締結して、貸借りの形式をとっていても、実際の返済がない場合や、到底返済しきれないような返済計画であるような場合には、贈与認定される可能性があるため、実質的に贈与であるといわれないような条件での貸付けを行う必要があります。

ケース **23**

負担付贈与の課税関係

Q

贈与者以外の第三者の300万円の借金を負担するかわりに、通常の取引価額1,000万円、相続税評価額800万円の土地の贈与を受けました。この場合の贈与税はどうなるのでしょうか。

A

　土地等を負担付贈与で取得した場合は通常の取引価額により評価しますので、1,000万円から300万円を控除した700万円が贈与税の課税の対象となります。

　また、負担付贈与前に300万円の借金を有していた人は、この贈与によって利益を得ていますので、300万円に対して贈与税が課税されます。

------ 解 説 ------

1 負担付贈与に対する課税

　受贈者に一定の債務を負担させることを条件にした財産の贈与を「負担付贈与」といいます。個人から負担付贈与を受けた場合、贈与財産の価額から負担額を控除した価額に贈与税が課税されます。

　贈与された財産が土地や借地権、家屋や構築物以外の場合には、財産の相続税評価額から負担額を控除した価額が課税価額となります。

　一方、土地や借地権、家屋や構築物を負担付贈与によって贈与された場合

には、課税価額は贈与の時における通常の取引価額（時価）に相当する金額から負担額を控除した価額になるため注意が必要です。

　また、負担付贈与があった場合に、負担の利益を受けた者が贈与者以外の第三者である場合には、当該第三者が受けた利益については贈与によって取得したことになります（相基通9-11、21の2-4、平成元年3月29日付直評5ほか）。

2 賃貸アパートの贈与に係る負担付贈与の判定

　賃貸アパートなど、敷金を賃借人より預かっている状態で建物を贈与する場合、敷金相当額の現金を同時に贈与するかどうかによって、贈与税の金額が大きく変わってくることがあります。

　敷金とは、不動産の賃借人が、賃料その他の債務を担保するために契約成立の際あらかじめ賃貸人に交付する金銭であり、判例通説上、その法的性格は停止条件付返還債務であるとされています。

　また、賃貸中の建物の所有権の移転があった場合には、旧所有者に差し入れた敷金が現存する限り、新旧所有者間に敷金の引継ぎがなくても賃貸中の建物の新所有者は当然に敷金を引き継ぐとされています。

　そのため、賃借人に対して敷金返還義務を負っている状態で、新所有者に対し賃貸アパートを贈与した場合には、法形式上は負担付贈与に該当します。

　ただし、敷金に相当する現金の贈与を同時に行っている場合、敷金返還債務を承継させる意図が贈与者、受贈者間においてなく、実質的な負担はないといえるため、負担付贈与には該当せず相続税評価額での贈与となります。

　先述のように、建物等を負担付贈与した場合の課税価額は、相続税評価額ではなく通常の取引価額（時価）となりますので、賃貸アパート等を贈与する際には注意が必要です。

Check!

- ▶ 負担付贈与の課税価額は相続税評価額ではなく通常の取引価額（時価）がもととなる
- ▶ 賃貸アパートを贈与する場合は、借入金（敷金）相当の現金をあわせて贈与することで相続税評価額で贈与できる

共有持分の放棄

Q

共有不動産の持分を解消したい場合に、共有持分を放棄できると聞きましたが、共有持分の放棄とはどのようなものなのでしょうか。

A

共有持分の放棄とは、共有者が一方的にその持分を放棄することをいいます。

なお、共有持分の放棄をすると、ほかの共有者は贈与または遺贈により放棄された持分を取得したとみなされますので注意が必要です。

解 説

1 共有持分の放棄

共有財産について、共有者のうちの1人が持分を放棄したときや、死亡して相続人がいない場合は、その持分は他の共有者に帰属します（民255）。

そして、放棄をした者に係る持分は、他の共有者がその持分に応じ贈与または遺贈により取得したものとして取り扱われます（相基通9‐12）。

なお、相続放棄による持分の変更については、相続の放棄をした者は初めから相続人とならなかったとみなされているため、共有持分の放棄ではないとされます（民939）。

2 共有持分の放棄の課税関係

　共有持分の放棄があった場合、放棄した者については、共有持分の放棄は持分の譲渡による財産権の移転ではないため、譲渡所得の課税が生じる問題はありません。

　放棄された持分を取得したほかの共有者については、前述の規定により、贈与により持分を取得されたものとみなされますので、贈与税が課されます。

　次に、共有持分の放棄により持分を取得したほかの共有者が、当該持分を第三者に譲渡した場合の取得日及び取得価額についてです。贈与により取得した財産を譲渡した場合には、前所有者の取得日、取得価額を引き継ぐものとされています（所法60）。

　しかし、共有持分の放棄により取得した持分については、相続税法の規定により贈与されたものとみなされているだけですので、所得税法60条の適用はないとされます。そのため、共有持分の放棄により取得した持分を譲渡した場合、その持分の取得価額は放棄のあった日の時価、取得時期は放棄のあった日となります。

Check!

● 共有持分を放棄した場合、放棄した者に所得税は課されないが他の共有者には贈与税が課される

● 共有持分の放棄により取得した持分を譲渡した場合の取得価額は放棄のあった日の時価となる

第 **4** 章

贈与税の各種の
特例の確認

25

配偶者控除

> ### Q
>
> 贈与税の配偶者控除の適用を受ける際に、どのような点に注意すれば
> よいでしょうか。また、どのような節税対策が考えられるでしょうか。
>
> ### A
>
> 長年連れ添った夫婦間で居住用不動産や居住用不動産を購入するため
> の資金の贈与を行った場合には、贈与税の課税価格から最大で 2,000 万
> 円が控除されます（110 万円の基礎控除とは別枠）。
>
> なお、内縁関係の場合には、この規定の適用はありませんので注意が
> 必要です。そして、この規定は同一の配偶者間では一生に一度しか適用
> がありません。
>
> また、この規定の適用は、贈与税・相続税の節税だけでなく、所得税
> の節税という側面もあります。

------------------------------ 解説 ------------------------------

1 贈与税の配偶者控除（おしどり贈与）制度の概要（相法21の6、相規9）

　仲睦まじい夫婦は『おしどり夫婦』といわれています。贈与税の配偶者控
除制度は『おしどり贈与』と呼ばれており、婚姻期間が 20 年以上の配偶者間
での居住用不動産の贈与等について、課税価格から最大で 2,000 万円を控除
する規定です。

　この規定を適用して贈与を行った財産については、生前贈与加算の対象とはなりません（2,000万円を超える部分の金額については生前贈与加算の対象となります）。

　また、相続開始年において当該規定を適用した贈与も行うことができ、生前贈与加算（**ケース62**参照）の対象とはなりません（2,000万円を超える部分の金額については生前贈与加算の対象となります）。

2 適用要件及び手続

❶適用要件
① 　婚姻期間が20年以上である夫婦間で贈与が行われたこと
② 　配偶者から取得した財産が、配偶者自ら住むための国内の居住用不動産であることまたは居住用不動産を購入するための金銭であること
③ 　贈与年の翌年の3月15日までに贈与により取得した国内の居住用不動産または贈与を受けた金銭で取得した国内の居住用不動産に受贈者が現実に住んでおり、その後も引き続き住む見込みであること

❷添付書類
① 　贈与日から10日を経過した日以後に作成された戸籍謄本または抄本
② 　贈与日から10日を経過した日以後に作成された戸籍の附票の写し
③ 　居住用不動産の登記事項証明書その他の書類で贈与を受けた人がその居住用不動産を取得したことを証するもの
＊ 　金銭ではなく居住用不動産の贈与を受けた場合は、上記の書類のほかに、その居住用不動産を評価するための書類（固定資産評価証明書など）が必要となります。

3 所得税の節税にもなりうる

　将来の相続税対策としてこの規定の適用を考えるケースは多いと思いますが、実は所得税の節税にもなりうる可能性を秘めています。

　通常は居住用不動産を売却した場合には、譲渡所得から3,000万円の特別

控除を行うことができますが、贈与税の配偶者控除を適用して不動産を共有状態にしておけば、その不動産を売却した際に夫婦2名分の特別控除額6,000万円を活用することができます。

4 おしどり贈与をしても、節税にならないケースも……

おしどり贈与をしたとしても、節税にならないケースも出てくるので、慎重に検討を行う必要があります。

具体的には、被相続人の居住用の宅地については、相続税申告の際には小規模宅地等の特例（**ケース40**参照）という優遇規定が設けられておりますので、おしどり贈与をする際の登記費用や、将来の相続税の税率等を考慮し、この規定の贈与を行うことが本当に将来の相続税の節税になるかどうかを検討する必要があります。

ケース

26

住宅取得等資金の贈与

Q

父母や祖父母などからの住宅取得等資金の贈与について、一定額が非課税となりますが、制度の概要を教えてください。

A

直系尊属（父・母・祖父母等）から贈与により住宅用家屋の新築（先行してその敷地の用に供される土地等を取得する場合のその土地等の取得も含む）・取得・増改築等にあてるために金銭の取得をした場合には、最大1,500万円まで贈与税が非課税枠となります。

なお、現在の制度は契約締結日が2021年（令和3年）12月31日までとされています。

解 説

------

1 住宅取得等資金の贈与制度の概要（措法70の2、措令40の4の2、措規23の5の2）

❶概　要

2015年（平成27年）1月1日から2021年（令和3年）12月31日までの間に、直系尊属（父・母・祖父母等）から贈与により住宅取得等資金の贈与を受けた場合において、下記の適用要件を満たすときは、その贈与について一定の非課税枠があります。

❷適用要件

① 受贈者が贈与時に日本国内に住所を有すること（受贈者が一時居住者であり、かつ、贈与者が外国人贈与者または非居住贈与者である場合を除きます）

　なお、贈与を受けた時に日本国内に住所を有しない者であっても、一定の場合には、この特例の適用を受けることができます。

② 受贈者が贈与時に贈与者の直系卑属であること

③ 受贈者が贈与年の1月1日において20歳以上であること

④ 受贈者が贈与を受けた年の合計所得金額が2,000万円以下（新築等をする住宅用の家屋の床面積が40㎡以上50㎡未満の場合は、1,000万円以下）であること

⑤ 2009年分（平成21年分）から2014年分（平成26年分）までの贈与税の申告で「住宅取得等資金の非課税」の適用を受けたことがないこと（一定の場合を除きます）

⑥ 自己の配偶者、親族などの一定の特別の関係がある人から住宅用の家屋の取得をしたものではないこと、またはこれらの方との請負契約等により新築もしくは増改築等をしたものではないこと

⑦ 贈与を受けた年の翌年3月15日までに住宅取得等資金の全額を充てて住宅用の家屋の新築等をすること

＊ 受贈者が「住宅用の家屋」を所有する（共有持分を有する場合も含まれます）ことにならない場合は、この特例の適用を受けることはできません。

⑧ 贈与を受けた年の翌年3月15日までにその家屋に居住すること、または同日後遅滞なくその家屋に居住することが確実であると見込まれること

＊ 贈与を受けた年の翌年12月31日までにその家屋に居住していないときは、この特例の適用を受けることはできませんので、修正申告が必要となります。

❸住宅取得等資金の範囲

住宅取得等資金とは、受贈者が自己の居住の用に供する家屋の新築・取得または自己の居住の用に供している家屋の増改築等の対価に充てるための金

銭をいいます。

　なお、これらの家屋の敷地の用に供される土地・借地権についても当該規定の適用があります。

　また、住宅用家屋の新築（住宅取得等資金の贈与年の翌年3月15日までに行われたものに限ります）に先行して、その敷地の用に供される土地や借地権についても当該規定の適用があります。

❹居住用家屋・増改築等の要件

①　居住用家屋の要件

　イ　家屋の登記簿上の床面積が40㎡以上240㎡以下であること

　ロ　購入する家屋が中古の場合には、次のいずれかの要件を満たした場合に適用があります。

　（イ）耐火建築物である家屋の場合は、その家屋の取得の日以前25年以内に建築されたものであること

　（ロ）耐火建築物以外の家屋の場合は、その家屋の取得の日以前20年以内に建築されたものであること

　（ハ）地震に対する安全性に係る基準に適合するものとして、一定の「耐震基準適合証明書」「建設住宅性能評価書の写し」または既存住宅売買瑕疵担保責任保険契約が締結されていることを証する書類により証明されたものであること

　ハ　床面積の2分の1以上に相当する部分が専ら居住の用に供されるものであること

②　増改築等の要件

　イ　増改築等の工事に要した費用が100万円以上であること。また居住用部分の工事費が全体の工事費の2分の1以上であること

　ロ　増改築等後の家屋の床面積の2分の1以上に相当する部分が専ら居住の用に供されること

　ハ　増改築等後の家屋の登記簿上の床面積（区分所有の場合には、その区分所有する部分の床面積）が40㎡以上240㎡以下であること

ニ　増改築等に係る工事が、自己が所有し、かつ居住している家屋に対して行われたもので、一定の工事に該当することについて、「確認済証の写し」、「検査済証の写し」または「増改築等工事証明書」などの書類により証明されたものであること

❺非課税限度額

　受贈者ごとの非課税限度額は、次のイまたはロの表のとおり、新築等をする住宅用の家屋の種類ごとに、受贈者が最初に非課税の特例の適用を受けようとする住宅用の家屋の新築等に係る契約の締結日に応じた金額となります。

　　イ　下記ロ以外の場合

住宅用家屋の新築等に係る契約の締結日	省エネ等住宅	左記以外の住宅
～ 2015 年（平成 27 年）12 月 31 日	1,500 万円	1,000 万円
2016 年（平成 28 年）1 月 1 日 　～ 2020 年（令和 2 年）3 月 31 日	1,200 万円	700 万円
2020 年（令和 2 年）4 月 1 日 　～ 2021 年（令和 3 年）12 月 31 日	1,000 万円	500 万円

　　ロ　住宅用の家屋の新築等に係る対価等の額に含まれる消費税等の税率が10％である場合

住宅用家屋の新築等に係る契約の締結日	省エネ等住宅	左記以外の住宅
2019 年（平成 31 年）4 月 1 日 　～ 2020 年（令和 2 年）3 月 31 日	3,000 万円	2,500 万円
2020 年（令和 2 年）4 月 1 日 　～ 2021 年（令和 3 年）12 月 31 日	1,500 万円	1,000 万円

　＊1　既に非課税の特例の適用を受けて贈与税が非課税となった金額がある場合には、その金額を控除した残額が非課税限度額となります（一定の場合を除きます）。ただし、上記ロの表における非課税限度額は、2019 年（平成 31 年）3月 31 日までに住宅用の家屋の新築等に係る契約を締結し、既に非課税の特例

の適用を受けて贈与税が非課税となった金額がある場合でも、その金額を控除する必要はありません。

　また、2019年（平成31年）４月１日以後に住宅用の家屋の新築等に係る契約を締結して非課税の特例の適用を受ける場合の受贈者ごとの非課税限度額は、上記イ及びロの表の金額のうちいずれか多い金額となります。

＊２　「省エネ等住宅」とは、省エネ等基準（①断熱等性能等級４もしくは一次エネルギー消費量等級４以上であること、②耐震等級（構造躯体の倒壊等防止）２以上もしくは免震建築物であることまたは③高齢者等配慮対策等級（専用部分）３以上であること）に適合する住宅用の家屋であることにつき、住宅性能証明書、建設住宅性能評価書の写し、長期優良住宅建築等計画・低炭素建築物新築等計画の認定通知書の写し及び住宅用家屋証明書（その写し）または認定長期優良住宅建築証明書などを贈与税の申告書に添付することにより証明されたものをいいます。

＊３　個人間の売買で、建築後使用されたことのある住宅用の家屋（中古住宅）を取得する場合には、原則として消費税等がかかりませんので上記ロの表には該当しません。

❻添付書類（新築等の場合）

①　受贈者の戸籍謄本

②　源泉徴収票等の合計所得金額を明らかにする書類

③　売買契約書等の契約の相手方を明らかにする書類

④　登記事項証明書

⑤　（「省エネ等住宅」の場合）住宅性能証明書、建設住宅性能評価書の写し、長期優良住宅建築等計画の認定通知書の写し及び住宅用家屋証明書もしくはその写しまたは認定長期優良住宅建築証明書、低炭素建築物新築等計画認定通知書の写し及び住宅用家屋証明書もしくはその写しまたは認定低炭素住宅建築証明書のいずれか

なお、増改築等の場合には、上記④、⑤に代えて「確認済証、検査済証、増改築等工事証明書」「受贈者の戸籍の附票の写し」「（給排水管・雨水の侵入を防止する部分に係る修繕または模様替えの場合）リフォーム工事瑕疵保険付保証明書」「（「省エネ等住宅」の場合）住宅性能証明書、既存住宅に係る建設住宅性

能評価証の写しのいずれか」。

2 制度をうまく使おう

❶税務面でのメリット・デメリット

【メリット】

　住宅取得等資金の贈与の非課税制度は、暦年贈与による基礎控除額（110万円）とはあわせて適用することができますので、一括贈与とは別に暦年贈与による基礎控除額を利用した贈与も可能です。

　さらに、相続開始前3年以内の贈与は相続税の課税対象となりますが、住宅取得等資金の贈与（非課税適用となった金額のみ）については、相続開始前3年以内であっても相続税の課税対象外となります。

【デメリット】

　住宅取得等資金の贈与の非課税制度を利用して子などが住宅を取得した場合において、親の相続が発生したとき、その子は自己所有の持家があることから、親の居住用住宅の敷地に係る小規模宅地等の非課税制度（**ケース40**参照）の適用ができなくなるおそれが生じます。

❷相続税課税の二代飛ばし

　住宅取得等資金の贈与は『直系尊属からの贈与』という要件のため、祖父母から孫に住宅取得等資金の贈与を行うことにより、相続税課税を二世代飛ばすことができます。

　従いまして、父母から子に贈与した場合も十分に節税効果が得られますが、祖父母から孫、それも複数の孫に贈与した場合、さらに節税効果が上がります。

❸将来の遺産分割も見据えて

　特定の孫だけに贈与を行いすぎると、将来の相続の際にトラブルを生じるケースがあるので、贈与を行う際には計画的に、かつ、バランスよく行う必要があります。

ケース **27**

教育資金の一括贈与

Q

　父母や祖父母などから教育資金の一括贈与を受けた場合の贈与税の非課税制度の概要について教えてください。

A

　直系尊属（父・母・祖父母等）から教育資金の贈与を受けた場合には、1,500万円まで贈与税が非課税（基礎控除の110万円とは別枠）となります。

　なお、従前より扶養義務者相互間における教育費の贈与はそもそも非課税でしたので、この制度のメリットは、一括で教育費を贈与できるという点にあります。

------ 解 説 ------

1 教育資金の一括贈与制度の概要（措法70の2の2、措規23の5の3）

　2013年（平成25年）4月1日から2023年（令和5年）3月31日までの間に、30歳未満の個人（以下、受贈者）が教育資金に充てるために金融機関等との一定の契約に基づき、直系尊属（父・母・祖父母等）から「信託受益権を付与された場合」「贈与により取得した金銭を預貯金として預け入れた場合」「贈与により取得した金銭等で、証券会社等で有価証券を購入した場合」には、これらの信託受益権または金銭等の価額の内、1,500万円まで（塾や習い

事など、学校等以外の者に支払われる費用については、500万円まで）の金額は一定の手続を経ることにより贈与税が非課税となります。

なお、契約期間中に贈与者が死亡した場合には、原則として、その死亡日における非課税拠出額から教育資金支出額（学校等以外の者に支払われる金銭については、500万円を限度とします）を控除した残額に、一定期間内にその贈与者から取得をした信託受益権または金銭等のうち、この非課税制度の適用を受けたものに相当する部分の価額がその非課税拠出額のうちに占める割合を乗じて算出した金額（以下「管理残額」といいます）を、贈与者から相続等により取得したこととされます。

また、受贈者が30歳に達するなどにより教育資金口座に係る契約が終了した場合には、非課税拠出額から教育資金支出額を控除（管理残額がある場合には、管理残額も控除します）した残額があるときは、その残額はその契約終了時に贈与があったこととされます。

さらに、2021年（令和3年）4月1日以後にその贈与者から取得をした信託受益権または金銭等がある場合には、その取得分に対応する管理残額に相当する相続税額について、相続税額の2割加算の規定が適用されます。

＊1　信託受益権または金銭等を取得した日の属する年の前年分の受贈者の所得税に係る合計所得金額が1,000万円を超える場合には、この非課税制度の適用を受けることができません（2019年（平成31年）4月1日以後に取得する信託受益権または金銭等に係る贈与税について適用されます）。

＊2　贈与者の死亡日において受贈者が23歳未満である場合、学校等に在学している場合や2019年（平成31年）4月1日以後に取得した信託受益権または金銭等がない場合など、一定の場合には相続等により取得したこととされません。

（措法70の2の2、措規23の5の2）

2 教育資金等の範囲

教育資金とは、次のものとされています。

(1)　学校等に対して直接支払われる次のような金銭

①　入学金、授業料、入園料、保育料、施設設備費または入学（園）試験

の検定料など

② 学用品費、修学旅行費、学校給食費など学校等における教育に伴って必要な費用など

＊ 「学校等」とは、学校教育法上の幼稚園、小・中学校、義務教育学校、高等学校、中等教育学校、特別支援学校、高等専門学校、大学、大学院、専修学校、各種学校、外国の教育施設〔外国にあるもの〕その国の学校教育制度に位置づけられている学校、日本人学校、私立在外教育施設、〔国内にあるもの〕インターナショナルスクール（国際的な認証機関に認証されたもの）、外国人学校（文部科学大臣が高校相当として指定したもの）、外国大学の日本校、国際連合大学）、認定こども園または保育所などをいいます。

(2) 学校等以外に対して直接支払われる次のような金銭で社会通念上相当と認められるもの

イ 役務提供または指導を行う者（学習塾や水泳教室など）に直接支払われるもの

① 教育（学習塾、そろばんなど）に関する役務の提供の対価や施設の使用料など

② スポーツ（水泳、野球など）または文化芸術に関する活動（ピアノ、絵画など）その他教養の向上のための活動に係る指導への対価など

③ ①の役務提供または②の指導で使用する物品の購入に要する金銭

ロ イ以外（物品の販売店など）に支払われるもの

① (1)②に充てるための金銭であって、学校等が必要と認めたもの

② 通学定期券代

③ 留学渡航費、学校等に入学・転入学・編入学するために必要となった転居の際の交通費

＊ 2019年（令和元年）7月1日以降、23歳以上の受贈者については、①学校等に支払われる費用、②学校等に関連する費用、③教育訓練給付金の支給対象となる教育訓練を受講するための費用に限定されています。

3 教育資金の贈与は、そもそも非課税

　教育資金の一括贈与制度の創設により、教育費の贈与が非課税になったと考える向きもあるかと思いますが、そもそも扶養義務者間で教育費にあてるためにされた贈与で通常必要と認められるものは、贈与税が非課税とされています（相法21の3）。

　つまり、教育費として必要なつど、必要な金額を贈与している場合には、従前からある贈与税の非課税規定により贈与税課税されません。

　従いまして、この制度の創設によるメリットは「教育資金を一括で贈与することができる」という点です。

4 制度をうまく活用しよう

　❶税務面でのメリット・デメリット

【メリット】

　住宅取得等資金の贈与税の非課税規定と同様、祖父母世代から孫世代に贈与することにより、相続税課税を二世代飛ばすことができます。従いまして、複数の孫に贈与を行うことができれば、その効果は大きいものとなります。

　また、教育資金の一括贈与による非課税制度は、暦年贈与による基礎控除額（110万円）とはあわせて適用することができますので、一括贈与とは別に暦年贈与による基礎控除額を利用した贈与も可能です。

　さらに、相続開始前3年以内の贈与は相続税の課税対象となりますが、教育資金の一括贈与（非課税適用となった金額のみ）については、相続開始前3年以内であっても相続税の課税対象外となります。

【デメリット】

　受贈者が30歳に達したのちに残額があるときは、その残額に贈与税が課税されます。

　また、2021年（令和3年）4月1日以後の贈与で、受贈者が贈与者の子以外（孫など）の者である場合には、贈与者が死亡し、その贈与者から取得をし

た信託受益権または金銭等の取得分に対応する管理残額に相当する相続税額について、相続税額の２割加算の規定が適用されます。

❷祖父母世代の注意点

祖父母世代が自身の将来を考えずに必要以上に贈与をしてしまうことがないよう、将来の生活等を見据えて計画的に贈与しましょう。

❸将来の遺産分割も見据えて

特定の孫だけに贈与を行いすぎると、将来の相続の際にトラブルを生じるケースがあるので、贈与を行う際には計画的に、かつ、バランスよく行う必要があります。

結婚・子育て資金の一括贈与

Q

父母や祖父母などから結婚・子育て資金の一括贈与を行った場合の贈与税の非課税制度の概要について教えてください。

A

直系尊属（父・母・祖父母等）から結婚・子育て資金の贈与を受けた場合には、1,000万円まで贈与税が非課税となります。

------ 解 説 ------

1 結婚・子育て資金の一括贈与制度の概要（措法70の2の3、措令40の4の4、措規23の5の4）

2015年（平成27年）4月1日から2023年（令和5年）3月31日までの間に、20歳以上50歳未満の方（以下、受贈者）が、結婚・子育て資金に充てるため、金融機関等との一定の契約に基づき、直系尊属から「信託受益権を付与された場合」「贈与により取得した金銭を銀行等に預入をした場合」「贈与により取得した金銭等で証券会社等で有価証券を購入した場合」には、これらの信託受益権または金銭等の価額のうち1,000万円までの金額に相当する部分の価額については、取扱金融機関の営業所等を経由して結婚・子育て資金非課税申告書を提出することにより贈与税が非課税となります。

なお、契約期間中に贈与者が死亡した場合には、死亡日における非課税拠

出額から結婚・子育て資金支出額（結婚に際して支払う金銭については、300 万円を限度とします）を控除した残額を、贈与者から相続等により取得したこととされます。

また、受贈者が 50 歳に達することなどにより、結婚・子育て資金口座に係る契約が終了した場合には、非課税拠出額から結婚・子育て資金支出額を控除（管理残額がある場合には、管理残額も控除します）した残額があるときは、その残額はその契約終了時に贈与があったこととされます。

さらに、2021 年（令和 3 年）4 月 1 日以後にその贈与者から取得をした信託受益権または金銭等がある場合には、その取得分に対応する管理残額に相当する相続税額について、相続税額の 2 割加算の規定が適用されます。

*　信託受益権または金銭等を取得した日の属する年の前年分の所得税に係る合計所得金額が 1,000 万円を超える場合には、この非課税制度の適用を受けることができません（2019 年（平成 31 年）4 月 1 日以後に取得する信託受託権または金銭等に係る贈与税について適用されます）。

❷ 制度をうまく活用しよう

❶税務面でのメリット・デメリット

【メリット】

祖父母世代から孫世代に贈与することにより、相続税課税を二世代飛ばすことができます。従いまして、複数の孫に贈与することができれば、その効果は大きいものとなります。

また、結婚・子育て資金の一括贈与による非課税制度は、暦年贈与による基礎控除額（110 万円）とはあわせて適用することができますので、一括贈与とは別に暦年贈与による基礎控除額を利用した贈与も可能です。

さらに、相続開始前 3 年以内の贈与は相続税の課税対象となりますが、結婚・子育て資金の一括贈与（非課税適用となった金額のみ）については、相続開始前 3 年以内であっても相続税の課税対象外となります。

【デメリット】

　受贈者が50歳に達したのちに残額があるときは、その残額に贈与税が課税されます。

　また、2021年（令和3年）4月1日以後の贈与で、受贈者が贈与者の子以外（孫など）の者である場合には、贈与者が死亡し、その贈与者から取得をした信託受益権または金銭等の取得分に対応する管理残額に相当する相続税額について、相続税額の2割加算の規定が適用されます。

❷祖父母世代の注意点

　祖父母世代が自身の将来を考えずに必要以上に贈与をしてしまうことがないよう、将来の生活等を見据えて計画的に贈与しましょう。

❸将来の遺産分割を見据えて

　特定の孫だけに贈与を行いすぎると、将来の相続の際にトラブルを生じるケースがあるので、贈与を行う際には計画的に、かつ、バランスよく行う必要があります。

ケース **29**

非上場株式等の贈与税の
納税猶予・免除（事業承継税制）

Q

非上場株式等の贈与税の納税猶予制度の概要を教えてください。

A

　この制度は中小企業の事業承継を円滑に行うために創設された制度です。この規定により行われた非上場株式（法人）の贈与は、贈与税の納税が猶予・免除されます。

-------------------------- 解説 --------------------------

1 事業承継税制の創設・拡充の経緯

　事業承継においては、経営者から後継者に対して、株式や事業用資産を贈与・相続または遺贈（以下「相続等」といいます）により移転する方法が一般的に用いられています。この場合、贈与税・相続税の負担が発生することになります。

　しかし、事業承継直後の後継者には資金力が不足していることが多いため、場合によっては、中小企業の財産を売却するなどして、後継者の納税資金に充てることにもなりかねません。

　そうしますと、事業承継直後の企業に多額の資金負担が生じることになり、事業承継の大きな障害となってしまいます。

　このため、2008年（平成20年）に成立した「中小企業における経営の承

継の円滑化に関する法律」（以下、「円滑化法」といいます）に基づき、「非上場株式等についての贈与税及び相続税の納税猶予・免除制度」（事業承継税制）が創設されました。

ただ、同制度は適用要件が厳しく、また、猶予される贈与の割合も制限されていたことから、2018年度（平成30年度）税制改正では、法人に対する事業承継税制について、①5年以内に特例承継計画を提出し、②10年以内に実際に承継を行う者を対象として、③抜本的に拡充された事業承継税制（特例措置）が創設されました。

また、2019年度（令和元年度）税制改正では、事業承継税制（特例措置）とほぼ同様の仕組みの個人版事業承継税制が創設されました。

2 事業承継税制の概要

事業承継税制は、事業承継の円滑化に資するため、事業の継続・発展を通じた雇用確保と地域経済の活力維持を目的とした制度です。

また、事業承継税制は、中小企業の事業承継において、経営者から後継者へ贈与・相続等された非上場株式や事業用資産などに係る贈与税・相続税について、その納税を猶予し、また、後継者の死亡等により、納税が猶予されている贈与税・相続税の納付が免除される制度です。

法人版の事業承継税制は、事業承継において後継者が経営者から贈与・相続等により取得した都道府県知事の認定を受けている非上場会社の株式または出資に係る贈与税又は相続税について、一定の要件のもと、その納税が猶予され、また、後継者の死亡等により、納税が猶予されている贈与税または相続税の納付が免除される制度です。

法人版の事業承継税制には、事業承継税制（一般措置）と、事前の計画策定等や適用する期限が定められ、対象株数、相続税の猶予割合、承継パターンが事業承継税制（一般措置）に比べ拡充された事業承継税制（特例措置）とがあります。

事業承継税制（特例措置）とは、一定の期限までに特例承継計画を提出し、

一定の期限までに実際に承継を行う者を対象として、贈与・相続等した株式等に係る贈与税または相続税の100％が猶予・免除される特例措置が盛り込まれた制度です。

３ 事業承継税制（贈与税・特例措置）の概要

　事業承継税制（贈与税・特例措置）は、①会社の事業承継において、後継者が経営者から贈与により取得した都道府県知事の認定を受けている非上場会社の株式または出資（以下、「株式等」といいます）に係る課税価格に対応する贈与税の全額について、一定の要件のもと、その納税が猶予され、②その後、先代経営者の死亡や後継者の死亡等の一定の事由が生じた場合には、「免除届出書」「免除申請書」を提出することにより、その死亡等があった時において、納税が猶予されていた贈与税について、その納付が免除される制度です（措法70の7、70の7の5）。

　なお、事業承継税制（贈与税・特例措置）の適用を受けている間に、先代経営者が死亡した場合には、後継者が猶予されていた贈与税の納付が免除されることになりますが、この制度の適用を受けた株式等は、相続等により取得されたものとみなされて、先代経営者から贈与のあった時の価額により他の相続財産と合算して相続税が計算されます（措法70の7の3、70の7の7）。

　この場合において、都道府県知事の確認（この確認を「切替確認」といいます）を受け、一定の要件を満たす場合には、相続等により取得されたものとみなされた株式等について、「非上場株式等の贈与者が死亡した場合の相続税の納税猶予・免除」制度の適用を受けることができます。

　事業承継税制（贈与税・特例措置）の適用を受けるためには、経営者から受贈者への非上場会社の株式等の贈与前及び贈与時において、次の要件を満たす必要があります（措法70の7、70の7の5）。

①　承継計画の策定・提出・確認（事業承継税制（一般措置）の場合には、必要ありません）

会社の後継者や承継時までの経営見通し等を記載した「承継計画」を策定し、認定経営革新等支援機関等の所見を記載の上、2023年（令和5年）3月31日までに都道府県庁に提出し、その確認を受ける。

なお、2023年（令和5年）3月31日までの贈与については、贈与後に承継計画を提出することも可能です。

② 対象となる贈与

2018年（平成30年）1月1日から2027年（令和9年）12月31日までの間の株式等の贈与が対象となります。

③ 都道府県知事の認定

円滑化法上の「会社」、「後継者（受贈者）」、「先代経営者（贈与者）」などの各要件を満たしていることについて、都道府県知事の「円滑化法の認定」を受ける。

④ 会社の要件

株式等の発行会社が、贈与の時に中小企業者であること、風俗営業会社や資産保有型会社などに該当しないことなどの要件を満たしている。

⑤ 経営者の要件

会社の代表権を有していたこと、贈与時に会社の代表権を有していないことなどの要件を満たしている。

⑥ 後継者の要件

会社の代表権を有していること、20歳以上（2022年（令和4年）4月1日以後は18歳以上）であることなどの要件を満たしている。

⑦ 非上場株式等の取得株数の要件

後継者は、一定数以上の株式等を取得する（一般措置の場合には、適用対象となる株式等の限度数が決められています）。

4 事業承継税制のメリット・デメリット

事業承継税制を適用することによるメリットとデメリットを示すと次のとおりになります。

❶メリット

① 　後継者が納付すべき贈与税または相続税のうち、取得した非上場会社の株式等または一定の事業用資産（個人）に係る課税価格の全額に対応する額（事業承継税制（一般措置）の相続税は80%）が納税猶予されます。

② 　先代経営者から贈与により株式等または一定の事業用資産を取得し、事業承継税制を適用していた場合には、先代経営者の死亡により、納税が猶予されていた贈与税の納付が免除されます。

　　上記①及びこの②により、事業承継税制を活用することによって、贈与税及び相続税の税負担の大きな軽減効果が期待できます。

③ 　先代経営者から株式等または一定の事業用資産を引き継ぎ、事業承継税制を適用していた二代目の後継者が、原則5年間の事業継続要件等を満たした上で、三代目の後継者に対してその株式等または一定の事業用資産を再贈与した場合には、二代目の後継者は納税が猶予されている贈与税の納付が免除されることになります。

❷デメリット

① 　事業承継税制を適用する場合には、「5年以内の承継計画の提出」のほか、様々な要件を満たす必要があります。

② 　事業承継税制の適用を受けている間に、納税猶予を継続するための要件を満たさなくなった場合には、一定の事由を除き、納税が猶予されている贈与税または相続税の本税と利子税をあわせて納付することになります。

❸まとめ

事業承継税制の適用は、贈与税または相続税の税負担の大きな軽減効果が期待できる反面、納税猶予を継続できない場合、贈与税または相続税の税負担が大きくなる懸念もあります。

医療法人の贈与税の納税猶予

Q

医療法人の贈与税の納税猶予制度の概要を教えてください。

A

持分の定めのある医療法人について、出資者がその持分を放棄した場合などは、その他の出資者に対して贈与税課税（みなし贈与）が行われますが、みなし贈与を受けた側（受贈者）に担税力がなく、医業の継続が困難となるケースが見受けられておりました。このようなケースの打開策として、一定の要件を満たす場合、贈与税の納税が猶予・免除されます。

解説

1 医療法人の贈与税の納税猶予制度の概要（措法70の7の9、措令40の8の9、措規23の12の6）

認定医療法人の持分を有している個人がその持分の全部または一部を放棄したことにより、ほかの出資者に対して贈与税が課税される場合に、一定の要件を満たす場合において、贈与税額相当額の担保を提供したときは、認定移行計画に記載された移行期限まで贈与税の納税が猶予されます。

また、納税を猶予された受贈者が認定移行計画に記載された移行期間までに持分の全部を放棄した場合には、納税猶予分の贈与税額が免除されます。

＊1 「認定医療法人」とは、「良質な医療を提供する体制の確立を図るための医療法等の一部を改正する法律」附則10条の4・1項に規定する認定医療法人をい

い、地域における医療及び介護の総合的な確保を推進するための関係法律の整備等に関する法律附則1条2号に掲げる規定の施行の日（2014年（平成26年）10月1日）から2023年（令和5年）9月30日までの間に厚生労働大臣の認定を受けた医療法人に限ります。

* 2　「認定移行計画」とは、「良質な医療を提供する体制の確立を図るための医療法等の一部を改正する法律」附則10条の4・2項に規定する認定移行計画をいいます。

2 制度適用にあたっての注意点 （相法66、相令33）

医療法人の贈与税の納税猶予・免除制度の適用にあたって、出資持分の放棄の際の当該医療法人に対する贈与または遺贈により、その贈与または遺贈をした者の親族その他これらの者と特別の関係がある者の相続税または贈与税の負担が不当に減少する結果になると認められるときは、当該医療法人が個人とみなされて、贈与税課税が行われることとなります。

なお、このような贈与税課税が行われないためには、主に次の要件を満たす必要があります。

① 　その運営組織が適正であること

② 　寄附行為、定款または規則においてその役員等のうちに占める同族関係者の割合を1/3以下とする旨の定めがあること

③ 　当該法人に財産の贈与もしくは遺贈をした者、設立者、社員、役員、これらの者の親族に対して特別の利益を与えないこと

④ 　寄附行為、定款または規則において、当該法人が解散した場合にその残余財産が国等に帰属する旨の定めがあること

⑤ 　法令違反の事実等がないこと

3 相続時精算課税との関係

医療法人の納税猶予・免除の規定の適用を受けた者については、その経済的利益については相続時精算課税制度（**ケース12**参照）は適用されません（措法70の7の5③）。

農地等の贈与税の納税猶予

Q

農地等の贈与税の納税猶予制度の概要を教えてください。

A

　この制度は農地の細分化の防止や農業後継者の育成を目的として設けられた制度です。農業を営む個人が後継者である推定相続人の1人に農地等を一括贈与（この規定の適用対象となるのは1回の贈与のみ）した場合に一定額の贈与税額が猶予されます。

------------------------------ 解 説 ------------------------------

1 農地等の贈与税の納税猶予制度の概要（措法70の4・70の5）

　農地等の贈与税の納税猶予制度とは、わが国の農業の発展・継続を趣旨として、一定の要件を満たす農地等の贈与について納税を猶予する制度です。

　現状、日本の農業人口は年々低下しており、農業従事者は高齢化しています。このような状況もあり、この制度は日本の未来の農業を支える農業従事者にとっても非常に有用な制度となっております。

（農地等を相続した場合の納税猶予制度及び生産緑地制度については**ケース81**参照）

2 制度適用にあたっての注意点

　農地等の贈与税の納税猶予制度は、次の適用要件を満たす必要があります。

① 贈与者が贈与日まで３年以上引き続き農業を営んでいたこと

② 受贈者が贈与日において 18 歳以上であること

③ 受贈者が贈与日まで３年以上引き続き農業に従事していたこと

④ 受贈者は贈与後に速やかに、その農地等の農業経営を行うこと

⑤ 受贈者が農業委員会の証明の時において認定農業者等であること

⑥ 『農地の全部』『採草放牧地の３分の２以上』『準農地の３分の２以上』について一括贈与を受けること

また、贈与後において次に該当した場合には、一定の納税猶予が打ち切られます。

① 贈与を受けた農地等の農業経営を廃止した場合

② 贈与を受けた農地等を譲渡した場合

そのほか、一定期間ごとに継続届出書を提出する必要があります。

なお、特定貸付や傷害疾病により農業経営が困難となった場合の営農困難時貸付を行った場合には、農業経営は廃止していないものとみなされ、納税猶予は打ち切られません。

3 相続時精算課税との関係

農地等の贈与税の納税猶予の適用をしようとする場合に、後継者が相続時精算課税適用者である場合であっても、この規定の適用を受けた農地等については相続時精算課税制度（**ケース 12** 参照）は適用されません（措法 70 の 4 ③）。

4 相続が発生したら

農地等の贈与税の納税猶予制度により推定相続人の１人が農地等を取得し、その後に農地等の贈与をした先代が死亡した場合には、贈与した農地等につき相続時の価額で相続税の課税価格へ持戻し計算が行われます（非上場

株式等の納税猶予制度（**ケース 29** 参照）とは異なり、相続時の価額となります。措法 70 の 5 ①）。

　なお、一定の要件を満たす農地等の相続についても納税が猶予されます（措法 70 の 6 ）。

32

特定障害者に対する 贈与税の非課税

Q
特定障害者に対する贈与税の非課税について教えてください。

A

　この制度は障害者の生活の安定を図るために設けられている制度です。信託契約の締結により特定障害者が信託受益権の6,000万円（特定障害者のうち、特別障害者以外の者の場合は3,000万円）までの部分に対して贈与税額が非課税となります。これにより、障害者が生涯安定した収入を得ることが可能となります。

　また、贈与に関する税制面のメリットだけでなく、財産を信託するので、第三者が勝手に財産を浪費したり、保管場所を忘れたり、盗難にあうといったリスクを回避することができます。

　なお、信託銀行等は信託された財産を管理・運用し、障害者の生活費や医療費等にあてるため、信託財産の一部から定期的に金銭を支払います。

解 説

---

1 特定障害者に対する贈与税の非課税制度の概要（相法21の4）

　特定障害者の生活費などに充てるため、特定障害者を受益者とする財産の信託契約があった場合に、その信託受益権の価額のうち、特別障害者である

特定障害者は 6,000 万円まで、特別障害者以外の特定障害者は 3,000 万円ま
で贈与税が非課税となります。

2 特定障害者の範囲及び手続

❶特定障害者の範囲（相法 21 の 4、相令 4 の 8）

特定障害者とは、相続税法の障害者控除に規定される特別障害者及び障害
者のうち精神上の障害により事理を弁識する能力を欠く常況にある者その他
の精神に障害がある者で下記の者をいいます。

- 所得税法施行令 10 条 1 項 1 号及び 2 号（障害者及び特別障害者の範囲）に
掲げる者
- 所得税法施行令 10 条 1 項 7 号に掲げる者のうち、その障害の程度が同
項 1 号に掲げる者に準ずるものとして同項 7 号に規定する市町村長等の
認定を受けている者

❷手続（相令 4 の 10）

この規定の適用を受けるためには、受託者の営業所等を経由して添付書類
とともに障害者非課税信託申告書を税務署へ提出することとなりますので、
納税者が直接的に税務署に提出する書類はありません。従いまして、受託者
の営業所等（信託銀行等）で一定の手続を行うこととなります。

3 信託財産の範囲

金銭、有価証券、金銭債権、立木・その林地、賃貸用不動産、居住用不動
産（特定障害者の居住の用に供する不動産で、これらのいずれかとともに信託される
もの）となります（相令 4 の 11）。

第 **5** 章

生前対策の定番！
生命保険の活用

相続税・贈与税と生命保険

Q
生命保険の契約形態によってどのような税金がかかるのでしょうか。

A

　生命保険契約の契約者、保険料負担者、被保険者、受取人が誰かによって課される税金の種類が異なります。

　父が死亡した場合の課税関係を下記に一覧としてまとめました。

	①	②	③	④	⑤
契約者	父	子	父	母	子
保険料負担者	父	父	父	母	子
被保険者	父	子	子	父	父
保険金・権利受取人	子	子	子	子	子
税金の種類	相続税	相続税	相続税	贈与税	所得税住民税
納税者	子（受取人）	子（契約者）	相続または遺贈により権利を取得した者	子（受取人）	子（受取人）
みなし相続財産か、本来の相続財産か	みなし相続財産（生命保険金）	みなし相続財産（生命保険契約に関する権利）	本来の相続財産（生命保険契約に関する権利）	―	―
非課税枠の有無	非課税枠有	非課税枠無	非課税枠無	―	―

---- **解説** ----

上記の表①～⑤のそれぞれの課税関係は、次のとおりとなります。

1 相続税

① 契約者：父、保険料負担者：父、被保険者：父、受取人：子

　被相続人の死亡により相続人その他の者が生命保険契約の保険金を取得した場合は、受取保険金のうち被相続人が負担した保険料割合相当額について、保険金受取人にみなし相続財産として相続税が課されます（相法3①一）。

　相続人（相続を放棄した者及び相続権を失った者は含みません）の取得した上記保険金については、500万円×法定相続人の数の非課税枠があります（相法12①五）。

② 契約者：子、保険料負担者：父、被保険者：子、受取人：子

　相続開始の時において、まだ保険事故が発生していない生命保険契約で被相続人が保険料を負担し、かつ、被相続人以外の者が契約者となっている場合は、生命保険契約に関する権利のうち被相続人が負担した保険料割合相当額について、契約者にみなし相続財産として相続税が課されます（相法3①三）。

　なお、生命保険契約に関する権利は、みなし相続財産であり、契約者固有の財産となりますが、①のような非課税枠はありません。

③ 契約者：父、保険料負担者：父、被保険者：子、受取人：子

　被保険者でない保険契約者が死亡した場合における生命保険契約に関する権利については、当該契約者が保険料を負担している場合には、生命保険契約に関する権利は、相続人等が相続または遺贈により取得する財産となります（相基通3-36）。

　当該生命保険契約に関する権利については、みなし相続財産ではなく、本来の相続財産となるため、遺産分割協議または遺贈により取得者が決定されます。

2 贈与税

④　契約者：母、保険料負担者：母、被保険者：父、受取人：子

　　生命保険契約の保険事故が発生した場合において、保険料負担者・被保険者・受取人が異なる場合には、保険金受取人が取得した保険金のうち保険料負担者が負担した保険料割合相当額につき、保険料負担者から贈与により取得したものとみなし、保険金受取人に贈与税が課せられます（相法5①）。

　　なお、被保険者の死亡等により保険金が支払われる際に贈与税が課される（出口課税）ため、単に生命保険契約の契約者を変更しただけでは、変更前の契約者・保険料負担者から変更後の契約者に贈与税は課されません。

3 所得税・住民税

⑤　契約者：子、保険料負担者：子、被保険者：父、受取人：子

　　契約者・保険料負担者・受取人が相続人である子、被保険者が被相続人である父の場合には、生命保険契約に基づく一時金の支払を受ける者に、所得税（一時所得）、及び住民税が課されます（所令183②）。

ケース **34**

生命保険を活用した
相続税節税対策（非課税枠の活用）

Q

　生命保険を活用した相続税の節税対策のうち基本的なものを教えてください。

A

　生命保険金を使った最も基本的な節税対策は非課税枠の活用です。

解 説

1 生命保険金の非課税枠（相法12①五）

　被相続人の死亡に起因して相続人が受け取る生命保険金には、遺族の生活保障のために支払われるという側面もあることから一定額の非課税枠というものがあります。

　非課税枠の金額は以下の計算式により行います。

　　生命保険金の非課税枠＝500万円×法定相続人の数

　法定相続人が4名いる場合で考えますと、「2,000万円＝500万円×4名」までの金額が非課税ということになります。

　例えば遺産を現金で2,000万円持っていると2,000万円がそのまま相続税の課税対象となりますが、2,000万円の保険料を支払い2,000万円の保険金を受ける場合には、そこから生命保険金の非課税枠分の金額が控除されます

ので、相続税の課税対象となる金額は「0」円ということになります。これは遺産の金額が同じになるのであれば現金で残すよりも生命保険で残しておくほうが、相続税の面から考えれば有効ということです。

なお、上記算式の法定相続人とは、相続の放棄があった場合には、その放棄がなかったものとした場合における相続人をいいます。また、被相続人に養子があるときは、その被相続人に実子がある場合には養子の数は1人、実子がない場合には養子の数は2人としてカウントし、法定相続人の数に制限が設けられています（相法15②）。

2 非課税枠が使えない場合

上記1の非課税枠はすべての場合において使えるわけではありません。非課税枠が使える死亡保険金の受取人は相続人に限定されています。

したがって、相続を放棄した者、相続権を失った者、もともと相続人でない孫などが受取人となっている場合にはその受取人については非課税枠は使えません。

Check!

▶ 80歳を超えるような場合であっても契約によっては被保険者となれる保険契約もある

ケース**35**

生命保険を活用した
相続税節税対策（保険料の贈与）

> ## Q
>
> 非課税枠の活用以外に生命保険を活用した相続税の節税対策があれば教えてください。
>
> ## A
>
> 契約者：子（収入なし、以下同じ）、被保険者：親、保険金受取人：子とした保険契約を締結し、その保険契約の保険料相当額を毎年親から子に贈与することにより出口課税において所得課税（一時所得）となり、相続税で課税されるよりも節税となる可能性があります。
>
>

------------------------------ 解　説 ------------------------------

1 保険料贈与による節税策

契約者：子、被保険者：親、保険金受取人：子とした保険契約を締結し、その保険契約の保険料相当額を毎年親から子に贈与し、子が保険料を払い込んだ場合において、子どもなど（納税者）から保険料の支払資金は親から贈与を受けた現金を充てていた旨の主張があった場合には、下記の事実関係を確

認の上、贈与事実の心証が得られたものに関してはその贈与を認めるものとされています（昭58.9国税庁事務連絡）。

① 毎年の贈与契約書

② 過去の贈与税申告

③ 所得税の確定申告等における生命保険料控除の状況

④ その他贈与事実が認定できるもの等

なお、この場合、死亡保険金や満期保険金は、一時所得として所得税及び住民税が課されます（**ケース33 3**参照）。

2 保険料負担が贈与とみなされない場合

上記**1**の例において、保険料負担が贈与とみなされない場合には、死亡保険金を受け取ったときは相続税を、満期保険金を受け取ったときは贈与税を課税されることになります（**ケース33 1**参照）。

3 現金贈与と比較した場合のメリット

① 使途を制限することができ、子の浪費を防止できます。

現金を子に贈与した場合、子は受け取ったお金を自由に使うことができますが保険料贈与の場合には、使途を保険料に限定することができるので子が受け取ったお金を自由に使うことを防止することができます。

② 定期贈与と認定されにくくなります。

保険契約はいつ保険事故が発生するのかわからないものであり、また、保険事故が発生すれば当然保険料贈与はその時点で中止されることになります。つまり、全体として支払う保険料の総額がいくらになるということが、保険事故が発生するまでわからないということになります。

贈与する総額が決まっておりそれを複数年に分けて贈与するものが定期贈与になりますから、保険料の総額（＝贈与する総額）がわからない保険料贈与は定期贈与に該当しないということになります。

4 節税額のシミュレーション

【前提条件】

被 相 続 人：父

相　　続　　人：子1人

遺　　　　産：現預金5億円

保 険 契 約：被保険者は父、保険料負担者は子（保険料を父から子へ贈与）、
　　　　　　　保険金受取人は子

保　険　料：総額6,000万円（年間300万円を20年間贈与）

死亡保険金：8,000万円

　上記条件をもとに、保険料贈与スキームを実施した場合と何もしなかった
場合の各種税額を下記の表にて試算しました。

　保険料贈与スキームを実施したことにより2,000万円弱の節税が可能とな
ります。

（単位：万円）

	相続税	贈与税	所得税等	合　計
保険料贈与スキーム を実施した場合	16,412	361	269	17,042
何もしなかった場合	19,000	0	0	19,000
節税額	2,588	－ 361	－ 269	1,958

【保険料贈与スキームを実施した場合】

相続税：5億円 − 贈与した保険料総額（300万円 × 20年）＋相続開始前3
　　　　年内加算（300万円 × 3年）＝ 4億4,900万円

　　　　4億4,900万円 −（3,000万円＋600万円 × 1人）＝ 4億1,300万円

　　　　4億1,300万円 × 50％ − 4,200万円 ＝ 1億6,450万円

　　　　1億6,450万円 − 贈与税額控除（19万円 × 2年）＝ 1億6,412万円

贈与税：300万円 - 110万円 = 190万円

190万円 × 10% = 19万円

19万円 × 19年 = 361万円

所得税・復興特別所得税・住民税：

{8,000万円 - （300万円 × 20年）- 50万円} ÷ 2 = 975万円

（975万円 × 33% - 153万6,000円）× 1.021 *¹ + 975万円 ×

10%（住民税率）

≒ 269万円

* 1　復興特別所得税 = 基準所得税額 × 2.1%

* 2　死亡保険金以外の所得はないものとし、各種所得控除は加味していません。

【何もしなかった場合】

相続税：5億円 - （3,000万円 + 600万円 × 1人）= 4億6,400万円

4億6,400万円 × 50% - 4,200万円 = 1億9,000万円

Check!

▶ 贈与契約書の作成、贈与税申告、親の所得税申告で生命保険料控除を適用しない等により贈与事実を立証できるように準備をしておく

ケース **36**

生命保険を活用した
相続税節税対策（低解約返戻）

> # Q
>
> ケース34・35以外に生命保険を活用した相続税の節税対策があれば
> 教えてください。
>
> # A
>
> 相続税評価額を下げられる低解約返戻金型終身保険に加入する方法が
> あります。このとき保険料負担者を被相続人、被保険者を相続人、保険
> 金受取人を被相続人として保険を契約します。

------------------------------ 解 説 ------------------------------

1 低解約返戻金型終身保険の概要

　生命保険を活用した相続税の節税対策といえば、生命保険金の非課税枠を
利用したものが一般的といえます。しかし、生命保険金の非課税枠は無制限
にあるわけではなく、「法定相続人の数×500万円」という限られた枠の中
でしか行えません。では、非課税枠を限度額まで利用した人は、生命保険を
活用しての節税はまったく行えないのかといえばそうではありません。

　非課税枠以外にも生命保険を活用した節税対策はあります。その一例が保
険料負担者を被相続人、被保険者を相続人、保険金受取人を被相続人とした
低解約返戻金型終身保険です。

　相続開始日時点で被保険者が被相続人以外で保険料負担者が被相続人の保

険契約がある場合、生命保険契約に関する権利として相続開始日時点の解約返戻金の額が相続税評価額となり、相続税の課税対象になります。このとき相続税評価額となる解約返戻金の額を下げることができれば相続税の課税対象額を下げることができます。

低解約返戻金型終身保険は、保険料払込期間中の解約返戻金を一般の終身保険に比べて低く抑えたものになりますので、保険料払込期間中に被相続人が亡くなった場合には、相続税評価額が一般の終身保険に比べて低くなり相続税の課税対象額を下げることができます（相法3①三、12①五、評基通214）。

2 節税額のシミュレーション

前提条件を被相続人：父、相続人：子一人、遺産：預貯金5億円（保険料払込前）とし、低解約返戻金の保険契約を締結し保険料の払込みを開始してから10年目（10年目時点の払込保険料総額を1億円、解約返戻金の額を5,000万円とします）に父が亡くなったとした場合と、保険契約を締結しなかったケースで比較してみます。

保険契約を締結しなかった場合には、相続財産が5億円のままであるため、相続税額は1億9,000万円になります。保険契約を締結した場合には、相続財産が4億5,000万円（5億－1億（払込保険料総額）＋5,000万円（解約返戻金額））に圧縮でき、相続税額は1億6,500万円となります。低解約返戻金型終身保険への加入により2,500万円の節税を図ることができます。

3 加入にあたっての注意点

低解約返戻金型終身保険の解約返戻金が低く抑えられているのは保険料払込期間中に限りますので、保険料払込期間を過ぎてしまうと解約返戻金は払込保険料累計を超えてしまい、相続税評価額も逆に高くなることに注意が必要です。

ここで被相続人が高齢だから保険の契約ができない、健康状態が悪いから契約できないのでは、とお考えになるかもしれませんが、被保険者が相続人

のため、被相続人の年齢や健康状態に気を使う必要はありません。

　保険契約時に行われる医的診査は被保険者を対象にして行われるため、契約者である被相続人が高齢でも、大病を患っていても問題になりません。

納税資金対策としての生命保険

Q

納税資金対策として生命保険への加入を考えています。どのようなメリットがあるのでしょうか。また、どのような点に注意して保険を選べばいいのでしょうか。

A

生命保険が納税資金対策として有効な理由は以下の2点です。

① 受取人固有の財産となり、遺産分割の対象とならない

② 相続発生時に現金が手に入る

また、納税資金対策として生命保険に加入する際は、事前のシミュレーションが大切です。

------------------------------ 解説 ------------------------------

1 相続税の納付

相続税の納付は現金での一括納付が原則です。とはいえ、相続財産に占める不動産の割合が高く、多額の相続税を一時に金銭で納付することが困難な場合もあります。その場合には、一定の要件のもと延納や物納が認められます。また、不動産や有価証券を売却して納税資金を確保する方法も考えられます。

ただし、延納、物納、及び相続財産売却による納税資金確保には、下記の

デメリットがあるため、最初から延納等に頼ることは望ましくありません。

① 　延納のデメリット

- 適用要件を満たすのが難しい
- 別途、利子税の納付が必要になる

② 　物納のデメリット

- 適用要件を満たすのが難しい
- 物納財産の収納価額は、不動産の場合相続税評価額（通常の取引価額の約8割）になるため、一般的には通常の取引価額より安くなる

③ 　不動産売却による納税資金確保のデメリット

- 相続税の申告期限までに売り急ぐ必要があるため、高値で売却できない可能性がある
- 小規模宅地等の特例の適用要件を満たさなくなる場合がある
- 別途、所得税・住民税が課される

2 受取人固有の財産となる

　相続財産に現預金や有価証券が十分にあるからといって、納税資金も十分にあるということにはなりません。遺産分割方法によっては不動産を取得する相続人の納税資金が不足する可能性があるからです。

　納税資金を渡したい者に残す方法としては、生前贈与による資金移動や、遺言書で財産を特定の者に指定する方法が考えられます。しかし生前贈与による資金移動では、特別受益としての持戻しの対象になってしまいます。また、遺言書による財産の指定では、遺言書の不備や、相続人全員の同意による遺産分割により、遺言書どおりの遺言執行とならないおそれがあります。結果として、渡したい者に確実に納税資金を残すことはできません。

　一方、死亡受取金は、みなし相続財産であり、受取人固有の財産となるため、遺産分割協議の対象とはなりません。受取人を指定することで、計画的に納税資金を残すことができます。

3 相続発生時に現金が手に入る

生命保険は契約した時点から保証が始まるので、いつ相続が発生しても保証額を確保できます。

納税資金対策としての生命保険契約は、終身保険が基本です。定期保険などの保証期限がある保険は、相続発生時に保険金を受け取れない可能性があります。

4 納税資金確保のための生命保険加入の注意点

納税資金対策を目的に生命保険に加入する場合には、シミュレーションが大切です。

課税相続財産がいくらあるのか、相続税がいくら課されるのか、現預金・有価証券等の金融商品がいくらあるかといった現状を把握する必要があります。

現状を把握した上で、生命保険で納税資金をいくら確保できるのか、その場合の保険料はいくらなのか、一時払い・有期払い・終身払い等のうち最も有利な支払方法はどれなのかをシミュレーションします。

なお、被保険者の年齢が高いと保険料が高額になり、保険料が払えなくなってしまうおそれもあります。

争族対策としての生命保険

> ## Q
>
> 　財産のほとんどが自宅の土地・建物で、現預金はわずかしかありません。現在、長男と同居しているため、自宅は長男に遺贈する予定ですが、次男に分け与える財産がありません。長男と次男がもめないためには、どのような対策を行えばよいのでしょうか。
>
> ## A
>
> 　契約者・保険料負担者・被保険者を推定被相続人、受取人を長男とする生命保険に加入し、長男に代償金として死亡保険金を残すことで、長男・次男の遺産分割の不平等を解消することができます。

-------------------------------- 解 説 --------------------------------

1 代償金の支払いための生命保険

　被相続人の財産のほとんどが自宅の土地・建物であり、相続人が複数いるというケースでは、財産を平等に分けることは困難であり、いわゆる「争族」につながる可能性があります。

　自宅を売却して売却金額を分割することができればいいのですが、相続人が引き続き住むことを予定している自宅を簡単に売却することはできません。

　また、自宅を相続人間の共有にすれば、平等な遺産分割にはなりますが、

不動産共有によるデメリット（共有不動産の利用方法を単独で決定できなくなる。共有権者に相続が発生するたびに共有権者の数が増加してしまい、権利関係が複雑になる等）が生じてしまいます。

そこで、このような不平等を解消する方法として、代償分割があります。代償分割とは、遺産の分割にあたって共同相続人などのうちの1人または数人に相続財産を現物で取得させ、その現物を取得した人が他の共同相続人などに対して債務を負担するもので、現物分割が困難な場合に行われる方法です。本問の場合、長男に自宅を相続させる代わりに、長男から次男へ自宅の評価額の半分の金銭を渡すことで、不平等を解消することができます。また、自宅を同居している長男に相続することで小規模宅地等の特例制度（**ケース40**参照）もフルで適用することができます（**ケース43**参照）。

ただし、長男が十分な金融資産を持っていなければ、代償分割も困難になってしまいます。

そこで代償金の支払資金を、生命保険を活用することで用意する方法があります。契約者・保険料負担者・被保険者を推定被相続人、受取人を長男とする生命保険に加入することで、長男に死亡保険金を代償金として残すことができます。

2 生命保険の契約形態がケース33⑤であれば、相続税申告書に記載されない

被相続人の死亡に伴い、生命保険の受取金額または契約に関する権利が、みなし相続財産または本来の相続財産となる場合には、相続税が課されるため、相続税申告書の第9表または第11表に当該生命保険契約の内容・評価額等を記載する必要があります。

このうち、みなし相続財産は受取人固有の財産となり、遺産分割協議書に記載する必要はないため、遺産分割協議書からは他の相続人が知ることはありません。一方、相続税申告書には、みなし相続財産を含め、相続人が何をいくら取得したのかがすべて記載してあるため、他の相続人にも知られてし

まいます。

　生命保険の契約形態が、**ケース 33** ⑤（契約者・保険料負担者・受取人が相続人、被保険者が被相続人）である場合には、被相続人の死亡により相続人に支払われる死亡保険金については、当該相続人に所得税及び住民税が課されますが、相続税申告書には記載されません。

ケース **39**

生命保険契約の存在が
わからない場合

Q

　親が急死し、生命保険に加入していたと聞いていたのですが、保険証書などが見当たりません。生命保険協会に問い合わせると、加入保険の有無などがわかる「生命保険契約照会制度」があると聞いたのですが、どのような制度でしょうか。

A

　「生命保険契約照会制度」とは、親や家族が死亡したときや、親や家族の認知判断能力が低下したとき、その法定相続人や弁護士などの任意代理人が、生命保険協会に紹介することによって、照会対象者にかかる生命保険契約の有無、照会者が保険金等を請求することが可能な契約である場合には、その旨について回答してもらうことができる制度です。

-------------------------------- 解 説 --------------------------------

1 生命保険契約照会制度の概要

　生命保険契約照会制度は、①親や家族が死亡したとき、②親や家族の認知判断能力が低下したとき、または、③災害により死亡または行方不明のときに、生命保険協会に対し、インターネットまたは郵送（③については電話）による申請により、照会対象者にかかる生命保険契約の有無、照会者が保険金等を請求することが可能な契約である場合には、その旨について、回答して

もらえる制度です。

2 照会できる者

①　親や家族が死亡したとき

　照会対象者の法定相続人、照会対象者の法定相続人の法定代理人または任意代理人、または、照会対象者の遺言執行者です。

②　親や家族の認知判断能力が低下したとき

　照会対象者の法定代理人または任意後見制度に基づく任意代理人、照会対象者の任意代理人、または、照会対象者の３親等内の親族及びその任意代理人です。

> ＊　「任意代理人」は、弁護士、司法書士その他生命保険協会がふさわしいと認めた者に限られています。

3 注意事項

　生命保険契約の具体的な契約内容の確認や保険金・給付金の請求は、生命保険協会からの回答後、各保険会社に直接連絡することになります。

　利用料は、①親や家族が死亡したとき及び②親や家族の認知判断能力が低下したときは、１回の照会につき 3,000 円（税込）、③災害により死亡または行方不明のときは無料です。

（生命保険協会「生命保険契約照会制度」：

https://www.seiho.or.jp/contact/inquiry/）

第 **6** 章

不動産の有効活用
による生前対策

小規模宅地等の特例を
活用する

Q

小規模宅地等の特例とはどのような制度なのですか。また、どの程度
節税効果があるのですか。

A

　小規模宅地等の特例制度とは、被相続人や被相続人と生計を一にして
いた親族の居宅に係る敷地、事業の用に供していた宅地、賃貸マンショ
ンや賃貸アパートの用に供していた宅地について、一定の要件を満たす
人が相続したときに、その土地の評価額を 50% から 80%軽減すること
ができるという制度です。

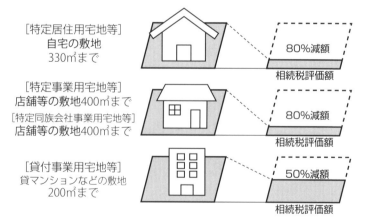

[特定居住用宅地等]
自宅の敷地
330㎡まで

80%減額

相続税評価額

[特定事業用宅地等]
店舗等の敷地400㎡まで
[特定同族会社事業用宅地等]
店舗等の敷地400㎡まで

80%減額

相続税評価額

[貸付事業用宅地等]
貸マンションなどの敷地
200㎡まで

50%減額

相続税評価額

---- **解　説** ----

1 小規模宅地等の特例制度の概要（措法69の4、措令40の2、措規23の2）

　小規模宅地等の特例制度の大きな特徴は、土地の評価額を大きく下げることです。評価を下げることで大幅な節税が期待できますので、生前対策としても絶対に検討しておくべき特例です。

　小規模宅地等の特例が使える土地は大きく分けて以下の3パターンです。

① 特定居住用宅地等：住宅として使っていた土地

② 特定事業用宅地等・特定同族会社事業用宅地等：事業で使っていた土地

③ 貸付事業用宅地等：賃貸していたアパートなどの土地

❶特定居住用宅地等：住宅として使っていた土地

　被相続人や被相続人と生計を一にしていた親族の居宅に係る敷地に適用されます。

【減額率と適用面積】

　減額率は80％。適用される限度面積は330㎡までです。

＊　約100坪まで適用可

　例えば、400㎡の自宅を相続したら、そのうちの330㎡までは評価額から80％減額された額、残りの70㎡は通常の評価額となり、その合計額が相続財産の価額となります。

【主な適用要件】

　次の敷地の区分に応じ、それぞれ相続する者に係る要件に当てはまることが必要です。

▶　被相続人の居宅に係る敷地

　● 被相続人の配偶者が相続…相続税の申告期限までの要件なし

　● 被相続人と同居していた親族が相続…相続税の申告期限まで居住継続・所有継続

　● 「家なき子」…相続税の申告期限まで所有

▶ 被相続人と生計を一にしていた親族の居宅に係る敷地

　● 被相続人の配偶者が相続…相続税の申告期限までの要件なし

　● 被相続人と生計を一にしていた親族が相続…相続税の申告期限まで居住継続・所有継続

＊ 「家なき子」とは、次の要件をすべて満たす人です。
　・被相続人に配偶者及び同居している法定相続人がいないこと
　・亡くなる前3年間に自己、自己の配偶者、自己の3親等内親族、自己と特別の関係にある法人の所有家屋に住んでいないこと
　・被相続人が亡くなったときに住んでいた家屋を過去に所有していないこと

❷特定事業用宅地等・特定同族会社事業用宅地等：事業で使っていた土地

　被相続人及び被相続人と生計を一にする親族の事業（一定の法人の事業を含む。また、不動産貸付業・駐車場業・自転車駐車場業及び準事業を除く）の用に供されていた宅地等に適用されます（特定事業用宅地等については、相続開始前3年以内に新たに事業の用に供された宅地等で一定のものを除く）。

【減額率と適用面積】

　減額率は80％。適用される限度面積は400㎡までです。

　＊　約120坪まで適用可

【主な適用要件】

　● 相続開始前からその土地で事業を行っている

　● 相続税の申告期限まで事業継続・所有継続

❸貸付事業用宅地等：賃貸していたアパートなどの土地

　被相続人及び被相続人と生計を一にする親族の賃貸アパート・マンション、貸駐車場や駐輪場の用に供していた宅地等に適用されます（相続開始前3年以内に新たに貸付事業の用に供された宅地等で一定のものを除く）。

【減額率と適用面積】

　減額率は50％。適用される限度面積は200㎡までです。

　＊　約60坪まで適用可

【主な適用要件】

- 相続開始前から土地の賃貸を行っている
- 相続税の申告期限まで事業継続・所有継続

2 老人ホーム入居後に亡くなっても適用できる

小規模宅地等の特例は、被相続人が老人ホームに入居後に亡くなった場合においても、適用することができます。

なお、この場合の要件は、次のとおりです。

① 被相続人が要介護認定または要支援認定を受けている

② 老人福祉法に規定する老人ホーム、介護保険法に規定する介護医療院、高齢者の居住の安定確保に関する法律に規定するサービス付き高齢者向け住宅などに入居していたこと

③ 自宅を賃貸していない

3 財産が未分割であれば適用できない

小規模宅地等の特例制度は、相続税の申告期限までに遺産分割が行われていなければ、その適用を受けることはできません。

ただし、相続税の申告書に「申告期限後3年以内の分割見込書」を添付して提出しておき、相続税の申告期限から3年以内に分割された場合には、特例の適用を受けることができます。

この場合、分割が行われた日の翌日から4か月以内に「更正の請求」を行うことができます。

4 制度をうまく活用しよう

❶「同居親族」に注意

被相続人と同居していた親族は、被相続人の居宅に係る敷地を相続した場合、小規模宅地等の特例制度を適用することができます。

また、被相続人と同居していなくとも、「家なき子」（前記1 ❶参照）の要件

を満たしていれば同制度を適用できます。

❷「生計が一親族」に注意

被相続人と生計が一である親族が、その親族の居宅に係る敷地を、被相続人から相続により取得した場合、小規模宅地等の特例を適用することができます。

「生計を一にする」とは、日常の生活の資を共にすることをいいます。

例えば、父所有の一つの居住用宅地を二つに分割し、本宅とは別に子が新宅を建て、父母は本宅で居住し、子世帯は新宅で居住していた場合において、父が亡くなり、本宅・新宅に係る宅地を子が相続したとしましょう。

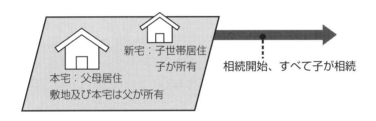

この場合、本宅に係る宅地については、子は本宅で被相続人と同居しておらず、被相続人の配偶者が健在で「家なき子」にもあたらないことから、本宅に係る宅地については小規模宅地等の特例を適用することはできません。ただし、配偶者である母が相続すれば、適用できます。

また、新宅に係る宅地については、相続人である子が居住の用に供している家屋に係る宅地等を被相続人が所有し、かつ、被相続人と子の生計が一であれば、子の居住の用に供されていた新宅に係る宅地については適用できます。

このように、「生計が一」か否かも重要となります。

❸「家なき子」に注意

子が被相続人の居宅に係る敷地を相続により取得した場合、被相続人と同

居していなくとも、小規模宅地等の特例を適用することができます。

　それは、「家なき子」の場合です。

　「家なき子」といっても、自宅を所有していなければ適用できるものではなく、

- 被相続人に配偶者及び同居している法定相続人がいないこと
- 亡くなる前３年間に自己、自己の配偶者、自己の３親等内親族、自己と特別の関係にある法人の所有家屋に住んでいないこと
- 被相続人が亡くなったときに住んでいた家屋を過去に所有していないこと

などの要件を満たす必要があります。

　生前対策として、小規模宅地等の特例について「家なき子」としての適用を検討する場合には、これらの各要件に留意しておくことが必要となります。

不動産の組換えにより小規模宅地等の特例を効果的に適用する

Q

自宅の敷地として利用している土地について、現状でも小規模宅地等の特例を受けることができますが、さらに減額金額を大きくするためにできることはありますか。

A

1㎡あたりの評価額が高い土地に組み替える方法があります。

------ 解 説 ------

　小規模宅地等の特例の計算は、簡略化すると『1㎡あたりの評価額×地積（特定居住用宅地等の場合は330㎡を限度）× 80％または50％』により行います。したがって、地積が同じであれば1㎡あたりの評価額が高いほうが、小規模宅地等の特例の減額金額は大きくなります。

　1㎡あたりの評価額を高くするためには、現在保有の土地を、より路線価の高い地域の土地に組み替える方法があります。

　具体的には地方に居住の場合、東京・大阪・神奈川などの都市への移住ということになります。

　実際に数字を使って説明します。

小規模宅地等の特例の減額金額の比較例

	路線価（万円）	適用面積（㎡）	減額金額(万円)
Ａ土地	100	330	26,400
Ｂ土地	10	330	2,640
差　引	90	－	23,760

　路線価の高い地域の土地をＡ土地、路線価の低い地域をＢ土地とし、Ａ土地の路線価は100万円、Ｂ土地の路線価は10万円とします。小規模宅地等の特例の適用面積はどちらも330㎡とした場合、Ａ土地の減額金額は2億6,400万円、Ｂ土地の減額金額は2,640万円となります。この事例の場合、結果的に減額金額の差は2億3,760万円もの差になります。1㎡あたりの評価額が小規模宅地等の特例の減額金額に与える影響が大きいことがわかります。

　しかし、自宅として使用している路線価の低い地域の土地を路線価の高い地域の土地に組み替えることは、必然的に住み慣れた土地を離れることにつながりますし、また相続税の計算上は得な結果になっても資産の組換えの際に面積が減りすぎ、資産価値自体が減少してしまう可能性もあります。

　そのため資産の組換えを実行する際には、小規模宅地等の特例の減額金額のみならず、ご自身のライフプランなども加味した上で慎重な判断が必要になります。

　このように現在保有の土地の路線価よりも高い路線価地域の土地に組み替えることで、小規模宅地等の特例の減額金額を大きくすることができます。

ケース 42

小規模宅地等の特例の限度面積を最大限活用する

Q

居住用家屋及び複数の賃貸アパートに係る宅地を所有しています。

各宅地を相続した場合、小規模宅地等の特例をどのように適用すれば、相続税負担額が軽くなるでしょうか。

A

居住用家屋に係る宅地及び賃貸アパートに係る宅地のそれぞれの面積や、1㎡あたりの軽減額を考慮し、小規模宅地等の特例を適用することで、相続税負担額を軽くすることができます。

解 説

次のような事例で検討してみましょう。

[居住用家屋]
300㎡　父所有
評価額　6,000万円

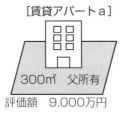
[賃貸アパートa]
300㎡　父所有
評価額　9,000万円

[賃貸アパートb]
300㎡　父所有
評価額　6,000万円

小規模宅地等の特例は、個人が相続または遺贈により取得した財産のうちに、相続開始の直前において被相続等の事業の用または居住の用に供されていた宅地等で、建物等の敷地の用に供されているものがある場合に、特定居

住用宅地等、特定事業用宅地等または特定同族会社事業用宅地等、貸付事業用宅地等の区分に応じた限度面積要件を満たす場合などに限り、相続税の課税価格に算入する価額が20%または50%相当額とされる制度です（措法69の4①②）。

　それぞれの宅地に係る適用できる面積要件等は、次の表のとおりです。

区分に応じた限度面積要件

		限度面積要件	相続税の課税価格に算入する価額
① 特定居住用宅地等		330㎡	20%相当額
② 特定事業用宅地等または特定同族会社事業用宅地等		400㎡	20%相当額
③ 貸付事業用宅地等	貸付事業用宅地等のみ	200㎡	50%相当額
	貸付事業用宅地等の他に上記①または②の宅地等がある場合	次の合計が200㎡以下 A×200/400＋B×200/330＋C	

＊　Aは、特定事業用宅地等または特定同族会社事業用宅地等の面積の合計
　　Bは、特定居住用宅地等の面積の合計
　　Cは、貸付事業用宅地等の面積の合計

　事例を上記表に当てはめ、次表のように整理し、小規模宅地等の特例の優先順位を確認します。

本件における優先判定

| | ①面積 | ②評価額 | ③1㎡あたり評価額(②/①) | 小規模宅地適用後 | | ⑥優先順位 |
				④1㎡あたり軽減額	⑤④×面積	
居住用家屋に係る宅地	300㎡	6,000万円	20万円	16万円(③×80%)	48百万円	1
賃貸アパートaの宅地	300㎡	9,000万円	30万円	15万円(③×50%)	45百万円	2
賃貸アパートbの宅地	300㎡	6,000万円	20万円	10万円(③×50%)	30百万円	3

　この表から、本事例における小規模宅地等の特例の優先順位は、

1．上記表⑤より、第一に居住用家屋に係る宅地に適用します。

　なお、居住用家屋に係る面積（300㎡）は、適用できる限度面積要件（330㎡）以下なので、「区分に応じた限度面積要件」の表の③の算式に当てはめ、貸付事業用宅地にも適用できないか確認します。

$$200㎡ \quad \geqq \quad 300㎡ \times 200 / 330 + C$$

$$C \quad \leqq \quad 18.1818㎡$$

2．上記算式より、18.18㎡貸付事業用宅地等にも適用できることが確認でききます。

　この場合、上記表④欄より、18.18㎡は賃貸アパートaの宅地に適用することが有利であることが確認できます。

3．以上のことから、本事例においては、

- 居住用家屋に係る宅地 300㎡……4,800万円
- 賃貸アパートaの宅地 18.18㎡…272.7万円（15万円×18.18㎡）
- 計　5,072.7万円

小規模宅地等の特例による評価額の軽減が図れることになります。

ケース **43**

小規模宅地等の特例と
代償分割との組合せ

Q

居宅及びその敷地を、同居している長男と、別世帯で持家のある長女との2人に平等に相続させたいのですが、代償分割を使えば、小規模宅地等の特例を最大限活用できるのでしょうか？

A

　相続人のうち、小規模宅地等の特例の適用が可能な者がいる場合、代償分割を組み合わせることにより、相続税負担額を軽くできる場合があります。

解 説

　特定居住用宅地等に係る小規模宅地等の特例は、被相続人と同居していた親族が相続した場合には適用対象となるものの、別世帯で持家に居住していた親族が相続した場合には適用対象とはなりません（措法69の4③二イ・ロ）。

　したがって、被相続人の居宅に係る宅地を、長男と長女との共有（**ケース75** 3参照）で相続することとした場合、被相続人と同居していた長男が相続した共有割合に応じた部分については小規模宅地等の特例が適用できるものの、別世帯で配偶者所有の建物に居住していた長女が相続した共有割合に応じた部分については小規模宅地等の特例は適用できないこととなります。

　しかし、相続人のうち、小規模宅地等の特例の適用が可能な者がいる場合、代償分割（**ケース75** 3参照）を組み合わせることにより、相続税負担額を軽

くできる場合があります。

　具体例を用いて説明します。

【具体例】

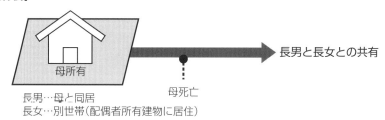

長男と長女との共有

母所有

母死亡

長男…母と同居
長女…別世帯（配偶者所有建物に居住）

[相続人]

● 子2人（長男・長女）

[相続財産（評価額）]

● 居住用土地　　　10,000万円（時価12,000万円）

● 建物　　　　　　2,000万円

● 預貯金等　　　　2,000万円

● 債務　　　　　　　0

パターン1：長男・長女で財産を共有により平等に分割する場合

	財産明細	評価額	長男	長女
1	土地	10,000万円 （時価12,000万円）	5,000万円	5,000万円
	小規模宅地等の特例	―	▲4,000万円	―
2	建物	2,000万円	1,000万円	1,000万円
3	預貯金等	2,000万円	1,000万円	1,000万円
	課税価格	10,000万円	3,000万円	7,000万円
	相続税	770万円	231万円	539万円

パターン2：土地建物は長男が取得し長女に代償金7,000万円を支払い、平等に分割する場合

	財産明細	評価額	長男	長女
1	土地	10,000万円 （時価12,000万円）	10,000万円	−
	小規模宅地等の特例	−	▲8,000万円	−
2	建物	2,000万円	2,000万円	−
3	預貯金等	2,000万円	1,000万円	1,000万円
	代償金の価額*		▲6,000万円	6,000万円
	課税価格	7,000万円	0（マイナスの場合は0）	7,000万円
	相続税	320万円	0	320万円

＊　長男は、代償金として7,000万円を支払っていますが、代償財産の価額6,000万円は相基通11の2-10ただし書により算出した金額です。

代償財産の価額6,000万円

　＝7,000万円（（土地12,000万円＋建物2,000万円）÷2）

$$\times \frac{（評価額ベース：土地10,000万円＋建物2,000万円）}{（時価ベース：土地12,000万円＋建物2,000万円）}$$

　パターン1及び**パターン2**、いずれも、母の遺産は平等に分割していることになります。

　しかし、代償金と小規模宅地等の特例を組み合わせた**パターン2**は、**パターン1**に比べてトータルで450万円（770万円 − 320万円）、相続税負担額が軽減されます。

　なお、**パターン1**における各人が納付する相続税負担額を平等に調整した場合、別途、長女に贈与税の課税問題が生じることに留意願います。

駐車場用地を有効活用して
相続税の節税を！

Q

現在、青空駐車場を所有しています。青空駐車場では小規模宅地等の特例など税制上の優遇措置を受けることができないと聞きましたが、本当に税制上の優遇措置を受けることはできないのでしょうか。

A

　青空駐車場の場合は、基本的には税制上の優遇措置を受けることができませんが、一定の要件を満たせば小規模宅地等の特例の適用を受けることができ、課税対象額を大幅に下げることができます。

------------------------------ 解 説 ------------------------------

1 小規模宅地等の特例の適用を受ける要件

　青空駐車場は、初期の設備投資も少なく管理も簡単なため、容易に行うことができる土地の活用方法になりますが、税制上の優遇措置がほとんどありません。

　しかし、青空駐車場のままでは優遇措置を受けることができなくても、多少手を加え一定の要件を満たすことで小規模宅地等の特例の適用を受けることができます。ここでいう一定の要件とは構築物を設置することです。

　なぜ、このようなものが必要になるかといいますと、そもそも小規模宅地等の特例の対象となる土地は租税特別措置法 69 の 4・1 項に『建物又は構築

物の敷地の用に供されているもの』とあります。こちらの規定の趣旨としま
しては、事業の用に供されていた宅地等の必要最小限の部分については相続
人等の生活基盤の維持・個人事業の承継に欠くことができないこと、事業に
は相手（契約者）との密接なかかわりがあることから、処分面での制約がある
ことを考慮することです。

コンクリートやアスファルト舗装などのない青空駐車場の場合は、構築物
がないため宅地等の転用に際し構築物の撤去や除去が容易であり処分面での
制約があまりないことから、この規定の趣旨に合致せず小規模宅地等の特例
の適用がありません。

では、どのような構築物なら処分面での制約があり小規模宅地等の特例の
趣旨に合致し、特例の適用を受けることができるのか見ていきましょう。

過去の判例では、土地の1割程度にアスファルト舗装を施し金属製パイプ
を組み合わせたフェンスや看板を設置した程度では、構造が簡易でありこれ
らの撤去は容易にできる程度のものと認められ、小規模宅地等の特例の適用
はないとされたものがあります。

つまり、単純に駐車場用地にコンクリートやアスファルト舗装が施されて
いるのみならず、その舗装が土地の相当部分に渡って行われていることが必
要と考えられます。

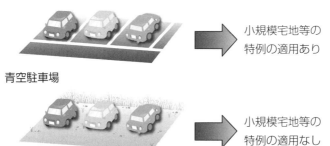

アスファルト敷きの駐車場

小規模宅地等の
特例の適用あり

青空駐車場

小規模宅地等の
特例の適用なし

2 駐車場に空きがある場合

　なお、月極駐車場などで満車状態でない場合、賃貸マンションの場合と同様、駐車場のすべての敷地に対して、小規模宅地等の特例は適用できないのではないか、という点が懸念されるところです。

　小規模宅地等の特例の対象となる「貸付事業用宅地等」とは被相続人等の貸付事業の用に供されていた一定の宅地等をいい、この「貸付事業」とは、不動産貸付業、駐車場業、自転車駐車場業及び準事業をいいます（措法69の4③四、措令40の2⑦⑲、措通69の4-24の3）。

　なお、「貸付事業の用に供されていた宅地等」に含まれない「（一時的に）賃貸されていなかったと認められる部分」とは、「貸付事業に係る建物等」に係る場合であり（措通69の4-24の3）、駐車場業は含まれません。

　したがって、空き部分に係る宅地についても、貸付事業用宅地等として、小規模宅地等の特例は適用できることになります。

ケース **45**

タワーマンションによる 節税とはどのようなものか

> ### Q
>
> 　タワーマンションによる節税の話をよく聞きますが、本当に節税になるのでしょうか。
>
> ### A
>
> 　相続税を評価する上で、マンションの課税価格は同じマンションで同じ床面積であれば２階でも最上階でも同じになります。当然ながらタワーマンションの売買価格は上層階にいけばいくほど高くなるので、売買価格と相続税評価額との間の差額が大きくなり、相続税の節税になります。
>
> 　ただし、相続開始前に多額の借入金で購入したマンションで、財産評価基本通達での評価額と鑑定評価額とのかい離が著しい場合は、税務調査で是正されるおそれがあります。

-------------------- 解 説 --------------------

1 タワーマンションの土地の割合

　タワーマンションの特徴として、マンション全体の土地に対する１戸あたりの土地の持分が小さくなり、建物の持分が大きくなるといわれています。

　タワーマンション、小規模マンション、一戸建てで比較してみましょう。

タワーマンション	小規模マンション	1戸建て
総戸数：750戸 敷　地：750㎡ 路線価：100万円／㎡	総戸数：75戸 敷　地：750㎡ 路線価：100万円／㎡	総戸数：1戸 敷　地：750㎡ 路線価：100万円／㎡
1戸あたりの敷地 750㎡÷750戸＝1㎡ 1㎡×100万円 ＝100万円	1戸あたりの敷地 750㎡÷75戸＝10㎡ 10㎡×100万円 ＝1,000万円	1戸あたりの敷地 750㎡÷1戸＝750㎡ 750㎡×100万円 ＝7億5,000万円

　土地、建物の相続税評価額を求める場合は、土地に関しては、路線価方式あるいは倍率方式で評価します。一般的に路線価は時価の80％程度といわれています。

　また、建物の相続税評価額は固定資産税評価額によります。固定資産税評価額は建築費の50％〜70％といわれています。

　これらにより、タワーマンションの相続税評価額が相対的に低くなることがわかります。

2 投資と考えるなら注意が必要

　購入したタワーマンションを投資の一環で賃貸に出す場合には、投資リスクと相続税の減税額を比較する必要があります。

　購入したタワーマンションが値崩れにより、売買価格が大幅に下落した場合や、賃貸に出しているがなかなか借り手が見つからない場合には、思っていたより節税効果が見込めないことがあります。

3 あからさまな節税にはご用心

　過去に、被相続人が亡くなる1か月前にタワーマンションを購入し、その相続後1年もしないうちに購入した金額とほぼ同額で売却したケースで、その売却金額が相続税の課税価格となったケースがあります。

　また、相続開始前に、相続税の節税対策を目的として、多額の借入金でもっ

てマンションを購入し、相続開始後に売却ないし所有・賃貸していた事例において、国税当局から、財産評価基本通達6項適用により、申告額が否認され、鑑定評価額で是正され、裁判においても国税当局の処分が維持された事案が複数あります（①東京高判令2.6.24、②東京高判令3.4.27）。

＊　財産評価基本通達6項…この通達の定めによって評価することが著しく不適当と認められる財産の価額は、国税庁長官の指示を受けて評価する。

　相続税の課税価格の原則は時価です（相法22）。「仮にいま売買するとしたらいくらの価値がありますか」が評価の原則になります。しかし、実際に売買しないのに個人が評価するのは難しいので税務署は一定の基準（財産評価基本通達）を作成し、このように評価してくださいという基準を設けています。

　したがって、マンションによる節税は、財産評価基本通達6項適用による是正や税制改正等で評価方法が変更となるリスクを承知の上で行う必要があります。

第 7 章

相続時精算課税の
活用方法

46

相続時精算課税の概要

Q

相続時精算課税とは、どのような制度ですか。

A

相続時精算課税制度とは、原則「60歳以上の両親（もしくは祖父母）」から「20歳以上の子供（もしくは孫）」に対して、生前贈与をした際に選択できる制度です。

相続時精算課税制度を選択すれば最大2,500万円までは贈与税が非課税となり、2,500万円を超過した贈与財産については贈与税の税率が一律20%となります（贈与財産の種類に制限はありません）。

ただし、相続時精算課税制度を選択して非課税となった最大2,500万円の贈与財産については、贈与者の相続発生時（死亡時）の相続財産に足し戻して、相続税額の計算を行います。

------------------------------ **解説** ------------------------------

1 相続時精算課税

この適用を受ける場合には、贈与された年の翌年2月1日から3月15日に「相続時精算課税制度選択届出書」と贈与税の申告書を、その贈与された人の納税地の所轄税務署長に提出しなければなりません。適用を受けた場合には、適用する親等からそれ以後に贈与された財産が2,500万円まで非課税

となり、それを超える部分については、一律 20%の税率で課税されます。

　また、相続時精算課税適用財産は、その贈与者の相続のときに相続税の課税価格に算入することとなり、納めた贈与税額は算出相続税額から控除することになります（相法 21 の 9 ほか）。

2 相続時精算課税のメリット

相続時精算課税は、次のような場合に有効に活用できます。

① 　将来値上がりする資産

　　将来、値上がりが期待される財産であっても、相続時精算課税により贈与された財産は、贈与時の価額で相続税を計算します。

　　つまり、将来、値上がりが予想される財産については、値上がり前の価額で相続税を計算しますので、相続時精算課税で贈与したほうが有利です。

② 　収益物件の贈与

　　賃貸物件等の収益物件を親の手元に残しておくと、そこから生じる収益が親に帰属するため、その分相続財産が蓄積されてしまいます。また、親の所得が多い場合には、所得税等も超過累進税率で大きく課税されます。

　　このような収益物件は、相続時精算課税を適用して贈与をすることにより、その贈与以降そこから生じる収益を子どもに帰属させることができるので、その分の相続財産の蓄積を防ぐことができ、有利です。

③ 　自社株の贈与

　　事業承継対策として、自社株の評価引下げを行う方法があります。仮に、株価引下げの対策を行った結果、現在の株価が 5,000 万円の状態で贈与を行ったとします。この自社株が将来 1 億円に上昇したとしても、贈与時の 5,000 万円で評価するため、当然相続税も低くなります。

　　株価が上昇基調にある会社や、株式公開をめざしている会社オーナーにとっては有利な事業承継対策となるでしょう。

　　なお、事業承継としての自社株の贈与については、**ケース 29 非上場**

株式等の贈与税の納税猶予・免除（事業承継税制）を参照してください。

④　遺産分割の争いを避ける

　　争いが起きそうな財産を生前に贈与しておくことで、遺言とは違った形で自分の意思を明示することができます。

3 相続時精算課税のデメリット

相続時精算課税は、相続時に精算するだけなので節税対策にはほとんどならず、場合によっては不利になる場合もあります。

①　暦年課税には戻れない

　　相続時精算課税を適用した場合には、その相続時精算課税にかかる贈与者から贈与を受けた財産については、基礎控除110万円の暦年課税を適用することができず、すべての贈与財産を相続税の課税価格に計上しなければなりません。

②　将来値下がりする資産の贈与は損

　　将来、値下がりが起きそうな財産には、相続時精算課税による贈与を行わないほうがよいでしょう。相続時精算課税の適用を受けた財産は、贈与時の価額を相続税の課税価格に算入します。つまり、将来の相続時に、その財産が値下がりしても、贈与時の値下がり前の価額で相続税が課税されてしまうのです。

③　物納できない

　　暦年課税で贈与を受けた財産で、相続開始前3年以内の生前贈与加算の対象となったものについては、物納の対象になりますが、相続時精算課税を適用した財産は物納の対象とはなりませんので、注意が必要です。

④　小規模宅地等の特例を適用できない

　　相続時精算課税で贈与を受けた宅地については、小規模宅地等の特例を受けることができませんので、小規模宅地等の特例の適用を受ける予定の財産については、相続時精算課税を適用しないほうがよいでしょう。

⑤　遺留分の侵害額請求等の対象となる

　相続時精算課税により贈与を受けた財産は生前に贈与を受けたものなので、民法上の相続財産とはなりませんが、この贈与財産が特別受益とみなされると、その財産を相続財産に加えたもので、遺産分割協議や遺留分の侵害額請求等が行われる可能性があります。

⑥　贈与者より、受贈者が先に死亡した場合

　受贈者が死亡した場合には、その相続人が相続時精算課税にかかる納付・還付の義務・権利を承継します。つまり、受贈者である子が、贈与者である父より先に死亡した場合には、その子の義務・権利を子の子である孫が承継することになります。この場合、父が死亡したときに子が取得した相続時精算課税適用財産がすでに費消されていたとしても、孫に相続税を納める義務が生じる可能性があります。

相続時精算課税と暦年課税の相違点

> ## Q
>
> 生前対策として子どもたちに贈与を考えていますが、暦年課税の贈与と相続時精算課税の贈与ではどちらが有利になるのでしょうか。
>
> ## A
>
> 　一般的に、暦年課税での贈与では、相続開始前３年以内以外の財産は相続税の課税価格に含まれないため、「相続は当分先だ」と見込まれる人にとっては有利です。
>
> 　相続税精算課税の贈与では、一度に多くの課税財産を非課税で贈与できます。将来、値上がりの期待のある財産や贈与財産から収益が生まれる財産についての贈与後の収益に関しては、受贈者に帰属することができるので、受贈者の資産形成ができ有利になるでしょう。

------------------------------- 解説 -------------------------------

1 暦年課税の贈与

　毎年、贈与者から受贈者に贈与する財産の価額のうち 110 万円までは非課税です。

　これを活用して、30 年間かけて 110 万円を贈与すると 3,300 万円の贈与が可能になります。また 30 年後に相続が発生しても、相続税の課税価格に算入する贈与は 330 万のみになりますので、2,970 万円は無税で贈与できます。

2 相続時精算課税の贈与

　一度に 2,500 万円までの財産が非課税で贈与できるので、大型の贈与を考えている場合は効果があります。また最適な時期を選択することによって相続税も節税することができます。値上がりが期待できそうな株式を、2,500 万円分精算課税を利用して贈与したとします。この場合の贈与は非課税の範囲内なので贈与税はかかりません。その後、10 年後に相続が発生した際に株式の時価が 5,000 万円だったとしても相続税の課税価格に算入する金額は 2,500 万円ですので、2,500 万円は節税できたことになります。

　同じく、毎年 120 万円の家賃収入がある 2,500 万円の収益不動産をこの制度を利用して贈与したとします。贈与後の毎年の 120 万の家賃収入についてはもちろん受贈者に帰属することになりますので、実質的にこの毎年の 120 万の家賃収入については贈与したと同じ効果が得られます。

3 両制度の比較

区　分	暦年課税	相続時精算課税
贈 与 者・受 贈 者	親族間ほか第三者からの贈与も含み、制限なし	60 歳以上の者から 20 歳以上の推定相続人及び孫
選　　択	不　要	必　要
課税時期	贈与時	同　左
控　　除	基礎控除（毎年）110 万円	特別控除 2,500 万円 （限度まで複数回使用可）
税　　率	10% 〜 55% まで 8 段階	一律 20%
贈与申告	110 万円超のみ申告	金額にかかわらず申告必要
相 続 時	相続財産を取得した者への相続開始前 3 年以内の贈与については、相続財産に加算	贈与財産を贈与時の価額で相続財産に加算（相続税額を超えて納付した贈与税は還付あり）

ケース **48**

具体的な相続時精算課税の
活用方法（高収益財産）

> ## Q
> **具体的な相続時精算課税の活用方法について教えてください。**
>
> ## A
>
> キャッシュ・フローを生み出す収益財産については、早めに資産移転することによって有効な相続対策になります。
>
> 収益不動産のような財産を保有している場合、生前、子どもにその財産を移転させることにより、贈与後の家賃収入も子どもに移転することができ、相続財産の増加を防ぐことになります。
>
> また、賃貸物件に関しては、相続税評価額は固定資産税評価額の70%で評価することになりますので、固定資産税評価額3,000万円の貸家であれば、2,100万円で評価することになり、相続時精算課税の非課税の範囲内で贈与することができます。

-------- 解説 --------

1 キャッシュ・フローでの比較を

毎年200万円の収益を生む収益物件で比較してみましょう。

贈与してから10年後に相続が発生したと仮定すると、200万×10年＝2,000万円は贈与された者の財産になるので、相続が発生したとしてもこの2,000万円は相続財産にはなりません。

一方、そのまま贈与せず物件を持っていた場合には、この 2,000 万円は相続財産となるので、贈与した場合と比べて相続税が多くなります。

2 所得税のことも考えよう

贈与後の収入に関しては、子どもに計上されるので、親の所得を減らすことができ、所得税を減らすことができます。親が高所得者で子どもとの所得の差が大きければ多いほど、その効果は大きいです。

一方で、子どもの収入が親よりも多い場合には、子どもに収入を計上してしまうと同じ収入金額だったとしても、所得税では累進課税を採用しているので増税になってしまいます。

3 建物のみの贈与も視野に入れて

不動産価格 1 億円のような高額の賃貸収益物件については、相続時精算課税を利用したとしても非課税の 2,500 万円の範囲を大幅に超えることになり、多額の贈与税を納めることになります。

このような場合には、建物のみの贈与も可能です。

高額な賃貸収益物件については、建物のみを贈与して、土地に関してはそのまま所有しておきます。もちろん賃貸物件なので固定資産税評価額× 70% での評価は変わりありません。

賃貸借契約書については、建物の所有者とその建物を借りている人との契約なので契約書を巻き直さないといけませんが、土地の所有の有無は関係ありません。

この場合には以下の点に注意してください。

① 敷金や保証金があれば、それも贈与する

　当然のことではありますが、契約者が変わりますので敷金や保証金は引き継がなくてはなりません。

② 土地所有者に対しては、使用貸借契約を結ぶまたは相当の地代を支払う

　何もせず、そのまま土地を借りていると権利金の贈与があったとみな

され思わぬ贈与税が課税されてしまう可能性がありますので、使用貸借契約を結んでおきます。

　なお、相当の地代（宅地評価額のおおむね年6％程度）を支払うことで土地（底地権）の評価額を20％減させることができます（「相当の地代を支払っている場合等の借地権等についての相続税及び贈与税の取扱いについて」法令解釈通達）。

③　負担付贈与

　贈与財産に借入金が残っている場合には、負担付贈与に該当し、不動産の課税価格は相続税評価額ではなく、通常の取引価額で評価することになります。

Check!

▶ 贈与することによって生じる登記費用、不動産取得税等の公租公課を考えてメリットがあるか慎重に判断すること

具体的な相続時精算課税の活用方法（価値上昇財産）

Q

具体的な相続時精算課税の活用方法について教えてください。

A

　贈与により取得した財産を相続する場合に相続税の課税価格に計上される金額は贈与税の申告書に記載した金額となります。

　これを利用することによって、将来値上がりが期待される財産を贈与することによってその値上がり分だけ相続税が節税されることになります。

財　産	贈与時時価	相続時時価	相続税課税価格	節税効果
上場株式	1,000 万円	5,000 万円	1,000 万円	4,000 万円
土　地	2,000 万円	2 億円	2,000 万円	1 億 8,000 万円

------------------------------**解 説**------------------------------

1 上昇傾向の上場株式、上場予定の未公開株、同族株式

　ＩＴバブル期には、数年後に株価が何十倍になって世間を賑わしていた記憶がある人もいると思います。こういった株を値上がり前に贈与することによって値上がり分もプラスで贈与したことになります。

　また、上場予定の未公開株も上場すれば、価値が上がるのが一般的です。あまり持っている人はいないと思いますが、ストックオプション等で親が

持っていることもあると思いますので、上場前に贈与することをお勧めします。

同じく、事業承継を考慮に入れた同族株式にも活用できます。

後継者が決まっていて、経営的にも安定している同族会社の株式は年数が経過するにつれて株価評価が高くなる傾向にあります。いざ、事業を承継しようと考えだすころには株価が高くなっている可能性がありますので早めの対応が肝心です。

2 地価の値上がりが確実な土地

鉄道の新設予定の駅近辺の不動産をお持ちの場合、市街化調整区域から市街化区域に都市計画の変更が予定されているような土地をお持ちの場合などは、将来的に土地の価格が上がるのが必至です。このような場合は、早めに贈与をして価格の上昇に対する防衛をする必要があります。

日ごろから、お持ちの不動産の近隣情報や都市計画にアンテナを張ってそのような情報があるのかを確認する必要があります。

また、不動産会社が必要以上に土地を売却してほしい等の営業がくる不動産に関してもそのような可能性がありますので、できるだけ不動産会社とも情報を共有できる関係を築くのもいいかもしれません。

Check!

▶ 株式に関しては、値下がりする可能性もある。値下がりしてしまうと値下がり前の価格での相続税評価になるので注意

▶ 都市計画には相当な年数が必要な場合がある。その前に相続が発生してしまうと意味をなさないので計画性が重要

ケース 50

具体的な相続時精算課税の活用方法（将来相続税がかからない場合）

Q

具体的な相続時精算課税の活用方法を教えてください。

A

　相続税がかからない人にとって相続時精算課税の贈与は、生前に財産を次の世代に移転させることができます。また、遺言と同じように生前にどの財産を誰に与えるか決めることができるので、贈与する人の意向を強く反映できます。

　そのためには、現在あるすべての財産の相続税評価額を把握することが先決になります。

解説

1 相続税がかからない人

　相続時精算課税とは、一定の直系親族間贈与に認められた贈与の特例で、2,500万円までの贈与には贈与税がかからず、それを超える部分の金額に対して一律20％の税率で贈与税がかかり、その贈与した財産は、相続時に持ち戻しされて相続税の対象に取り込まれる制度です。

　したがって、もともと相続税がかからないという人であれば、この制度を利用してもなんらデメリットはないので、積極的にこの制度を使うことをお勧めします。

2 生前対策としての活用

　一般的な家庭は、自宅と現預金が相続財産になる場合が多く、例えば、配偶者が亡くなっていて、相続人が子ども2人のケースだと、子どもの相続分がそれぞれ50％になります。現預金に関しては半分にできますが、自宅等の不動産に関しては共有持分にすると、その自宅に一方が住み、他方が売却したい場合など、混乱を招くおそれが多々あります。また、遺言書を作成しても本当にそのとおりに分割されるか、心配なケースもあると思います。

　このような場合には、事前に相続時精算課税で特定の財産を贈与することによって、遺言書より確実に財産を相続させることが可能になります。

3 争いの防止のための活用

　死後に相続人同士が遺産分割でもめるケースは多々あります。これは財産をたくさん保有している富裕層だけでなく、相続税がかからないような家庭でも起こりうることです。自分の子どもたちが遺産相続でもめて仲が悪くなるのは誰しもが嫌だと思います。

　このような懸念がある場合には、円満な遺産分割の方法として相続時精算課税が活用できます。

相続時精算課税による贈与を
すべきでない財産

Q

相続時精算課税で贈与すべきでない財産とはどのような財産でしょうか。

A

　贈与時の相続税評価額と相続時の相続税評価額と比較して明らかに贈与時の評価額のほうが大きくなると予想される場合や、小規模宅地等の特例が適用できるような土地については、相続時精算課税で贈与すべきでない財産と考えられます。

解　説

1 相続時の課税価格

　相続時精算課税により取得した財産については、その贈与された人に相続が発生した場合には、その贈与された財産を相続したとみなして、相続税の課税価格に加算されます。またその加算される価格も贈与時の価格になります。

　同じ財産だったとしても、贈与時の価格のほうが高ければ相続時においてもその高い金額を相続税の課税価格に加算しなければなりませんので全体の相続税が高くなります。

2 小規模宅地等の特例が適用できない

相続税の減額要素の中でも最も重要な論点として、小規模宅地等の特例があります。限度面積の80％、50％が評価減されるこの特例は、該当する土地を相続時精算課税で贈与してしまうと適用できなくなります。

相続税申告者でも、小規模宅地等の特例を適用することによって申告は必要だが納税は発生しないという人が多くいます。

生前対策のためや遺産分割のために小規模宅地等の特例対象財産に該当する土地を相続時精算課税によって贈与してしまうことによって相続税の減額ができなくなり、納税が発生するおそれがあります。

反対に、限度面積以上の土地を持っている場合や対象の土地を複数お持ちの場合に関しては、贈与しても相続の時に小規模宅地等の特例が適用できます。

3 現預金

贈与された人が浪費家で財産を食いつぶす人も中にはいるでしょう。相続時精算課税は贈与時に一度贈与税の計算をして、特別控除額を超えた場合には、税金を納めます。これが、暦年贈与ならその贈与税を納めるとそれで残りの現預金は自由に使えます。ただ、相続時精算課税は、相続の時にもう一度財産を精算し、相続税を納めなければなりません。

税金は金銭で一括納付が大原則です。そのためにも納税資金が重要になりますので、税金を納付できるだけの現預金については、しっかりと管理できる人が持っておいたほうがいいでしょう。

ケース 52

除斥期間経過後に申告額が誤っていた場合の相続税申告

Q

相続税の申告にあたり、過去にされた相続時精算課税の申告額が誤っていることがわかりました。

この場合の相続税の申告はどのようにしたらいいのでしょうか。

A

相続時精算課税の選択を行った場合は、その後、贈与される財産はすべて相続時精算課税が適用されますが、その場合の贈与財産については除斥期間の適用がないことを理解しておく必要があります。

よって、このような場合は贈与時の正しい価額で評価しなおして相続税の申告をすることになります。

------------------------------- 解説 -------------------------------

1 除斥期間

「除斥期間」とは、その期間内に権利行使をしないと権利が消滅することをいいます。国が遡って課税行使できる期間と捉えていただければと思います。「時効」との主な違いは、除斥期間には、中断は認められていませんし、停止がありません。

相続税は、原則5年（悪質と認められる場合は7年）の除斥期間となっています。

また、贈与税については、6年（悪質と認められる場合は7年）と特例が設けられています（通法70①一、相法36①）。

2 税金と財産の除斥期間の違い

上記のとおり、贈与税では、6年で除斥期間が経過し課税庁も追徴税額を徴収できなくなります。ただこれは税金に限ったことになり財産に対しては関係しません。

例えば、2018年（平成30年）に2,500万円の贈与を受け、相続時精算課税に基づく贈与税を申告していたとします。2021年（令和3年）に2,000万円の贈与を受け、これについて贈与税の申告を怠り、その後6年が経過し、贈与税の課税については除斥期間が成立しました。この場合においても、相続時には、相続時精算課税の適用を受けた財産として相続税の課税価額に取り込まれるのは2,500万円ではなく、4,500万円だということになります。

この場合に相続税額から控除される相続時精算課税に係る贈与税相当額は、課せられた贈与税額相当額と規定されていることから「0」となります（相法21の15③）。

第 **8** 章

これからの生前対策の
本流？ 信託の活用

信託の仕組みとは

Q

昨今、相続や事業承継として「信託」を活用しているとよく聞きますが、そもそも信託とはどのような仕組みなのでしょうか。

A

　信託とは、信頼できる人に自分の財産を預ける契約をし、預かった人が責任を持って委託者が定めた目的のために管理・運用し、預けた人が設定した人に渡すことができる制度で、資産の保全と承継を効率的に行うために活用されるものです。

　例えば、Aさんが所有する金銭を、B社に預けて管理・運用してもらい、運用益を自分の子どもであるCさんに分配してもらう行為全体が「信託」となります。

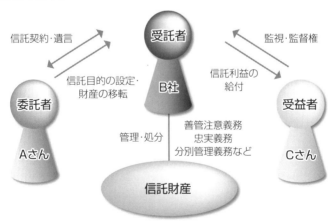

また、信託の主要機能は以下の３つといわれています。

① 財産管理機能

② 転換機能

③ 倒産隔離機能

これらの主要機能を活用し、スムーズな財産の保全と承継を行うことが可能となるため、信託は注目されています。

------------ **解説** ------------

信託は、財産を預ける人「委託者」、預かった人「受託者」、委託者と受託者との間の契約「信託行為」、定めた目的「信託目的」、分配を受け取る人「受益者」といった関係により成り立っています（信法2）。

また信託には、委託者と受益者が異なる「他益信託」と委託者と受益者が同一な「自益信託」がありますが、他益信託は元からの所有者と利益を受け取る人が異なることから、信託が設定された段階において権利の移転が成立してしまい贈与税が課されてしまいます。このことから、自分の財産の運用を依頼し自分で受け取る「自益信託」が一般的になっています。

信託は、財産管理機能・転換機能・倒産隔離機能が3つの主要機能として挙げられますが、それぞれ次のような機能を有しているためそれらを活用し、様々なニーズに対応することができます。

① 財産管理機能：財産の管理を所有者である委託者や、利益を受け取る受益者ではなく、管理運用の専門家である受託者に財産の管理・処分を委ねることができます。

② 転 換 機 能：通常の法律制度では、運用益をもらう権利（受益権）だけを分離することや、運用益を受ける人（受益者）を指定することができませんが、信託の場合には、受益者の指定や変更を行うことができます。また、受託者が

複数の人の信託財産をまとめたり、大きな信託財産を分けて運用することも可能です。

③ 倒産隔離機能：通常の法律制度では、所有者が倒産した際の所有者名義の資産については差押えを受けてしまいますが、信託していた場合の資産は委託者の名義ではなく受託者の名義となっていることから、倒産等による強制執行の影響を受けることがありません。

ケース 54

信託の活用

Q

信託の仕組みについては理解できたのですが、実際に相続対策や事業承継対策としてどのように信託を活用したらよいのでしょうか。

A

相続対策や事業承継対策に使用される信託は「民事信託」を活用することが考えられます。民事信託には様々な活用方法があるため、個々の状況に応じ色々な手法が考えられますが、代表的なものとしては以下のような対策として信託を活用することができると考えらえます。

① 中小企業の経営権の承継対策

② 不動産オーナーの管理・承継対策

③ 障害者の生活保護対策

④ 認知症対策（**ケース 56 認知症対策としての信託の活用** 参照）

また、相続対策や事業承継対策には遺言書が利用されていますが、遺言書のみの場合にはいくつかの問題が生じる可能性があるため、遺言書と信託をセットでの対策が望ましいこととなります。

------- 解説 -------

1 中小企業の経営権の承継対策

経営権の承継対策は、後継者に対し経営権をいつ、どのように、どの程度

承継させるのかという点が、多くの経営者の悩みだと思われます。

　経営者が生前に自社株式を対象に信託を設定し、生前のうちは自らが受益者となり、相続開始時に後継者が受益権を取得する「遺言代用信託（**ケース57 事業承継対策としての信託の活用** 参照）」や、後継者が死亡した場合に、次の後継者が新たな受益権を取得する「後継ぎ遺贈型受益者連続信託（**ケース58 受益者連続信託で次世代への財産承継** 参照）」などが考えられます。

　遺言により事業承継を行おうとした場合には、遺言書のつくり直しにより異なる後継者が選ばれる可能性や、遺言執行に期間が生じること、また遺言とは異なる者の取得などの問題が考えられます。

　この点、信託を活用しますと、後継者が確実に受益権を取得することができるためその地位が安定すること、及び、経営者の死亡後すぐに後継者へ受益権が移転するため経営の空白期間がなく円滑に事業承継を行うことができます。

② 不動産オーナーの管理・承継対策

　自分自身が高齢になったことにより不動産の管理が難しくなってきた場合には不動産を信託することが考えられます。管理を信頼できる受託者に任せてしまうことにより所有不動産の保全という面での安心感と、上記❶と同様に「遺言代用信託」により受益権を取得する後継者を指定することが可能となります。信託しておくことにより受益権を取得する後継者が、不動産の管理を自分で行えない場合であっても、管理等は受託者が行うことになり負担の軽減となります。

　また、例えば渡したくない相続人が遺留分侵害額請求を行ってきた場合であっても、不動産の所有者は受託者となっていることから、不動産が共有になることはないという安心感もあります。

③ 障害者の生活保護対策

　家族に障害者の方がおられた場合、その方の将来の生活をどのように保証

するのかということは大変心配なことだと思います。このような場合に、将来にわたって定期的に金銭を障害者に渡すという信託を活用することができます。

なお、税制上も一定の要件を満たす信託については贈与税が課税されない「特定贈与信託」があります。

「特定贈与信託」は、特定障害者（重度の心身障害者、中程度の知的障害者及び障害等級2級または3級の精神障害者）の方の生活の安定を図ることを目的に、その家族などが金銭等を信託銀行に信託し、特定障害者の方の生活費や医療費として定期的に金銭を交付する信託です。

特定贈与信託を利用すると、特別障害者の方については6,000万円、特別障害者以外の特定障害者の方については3,000万円を限度として贈与税が非課税となります（**ケース32**参照）。

4 専門家への相談

信託を活用する際には、税務に関する知識や実際の経理に関する知識については税理士が対応できますが、信託法を含む法律全般の知識についても必要になってくるため、税理士だけでなく弁護士などの専門家と連携して取り組む必要があります。

しかし、クライアントに一番身近な専門家である税理士が、クライアントのニーズに合った信託の提案を行うことができる立場にあると思います。

55

相続税・贈与税の信託課税の仕組み

Q

　信託を活用しようと思うのですが、相続税・贈与税はどのように課税されるのでしょうか。

A

　信託を設定した際や、信託受益権が他人へ移転した際に、相続税や贈与税が課税されることになります。通常の信託は所有していた資産が信託財産へ変わるだけですので、相続税評価額は資産を所有していた場合と変わりませんが、元本の受益者と収益の受益者が異なる場合には「元本受益権」と「収益受益権」をそれぞれに評価を行うことができ、相続税対策を行うことができます。

　また、障害者の今後の生活費を一括で渡すことができる「特定贈与信託」や、教育資金を一括で渡すことができる「教育資金贈与信託」については、一定額について非課税制度が設けられています。

解説

　信託に税金が課税されるタイミングとしては、

　●信託の設定時　●信託の収益発生時　●信託受益権が他人に移転した時

がありますが、相続税及び贈与税が課税されるタイミングは「信託の設定時」または「信託受益権が他人に移転した時」となります。

　「信託の設定時」に課税される場合とは、委託者（信託する財産の所有者）と

信託財産の受益者が異なる場合です。委託者が信託財産の受益者となる「自益信託」の場合には、受益権が他人へ移動していませんので、財産を所有し続けた場合と同一であることから課税する必要性がありません。

　一方、委託者と受益者が異なる「他益信託」の場合において、受益者が受益権について適正な対価を支払わずに取得した場合には、受益権の贈与があったとみなされ、贈与税が課税されることになります。

　「信託受益権が他人に移転した場合」とは、当初、委託者と受益者が同一である自益信託等についても、相続の発生等により受益権が他人に移動した場合に、相続による受益権の移動については相続税、贈与による受益権の移動については贈与税が課税されることになります。

　信託受益権の相続税評価額は基本的には「信託された財産の価額」により評価するものとされていますので、所有されている財産について信託を設定したとしても財産の評価額が増減することはありません（相法９の２①）。また、信託された財産を取得したものとされるため、信託財産が土地であった場合には、土地を相続したものとみなされ、小規模宅地等の特例の適用を受けることができます。

　なお、信託受益権を「収益受益権」と「元本受益権」に分離する「受益権分離型信託」の場合には、「元本受益権」については「信託受益権の価額から収益受益権の価額を控除した価額」、「収益受益権」については「課税時期に推算した、将来に渡って受益者が受ける利益の現在価値の合計額」により評価するものとされています（評基通202）。

　「収益受益権」については信託される財産を所有されていた人が取得し、「元本受益権」についてはいずれ財産を渡されたい人が取得するという信託の設定を行った場合には、「元本受益権」については信託財産を所有していた委託者以外の人が取得されることになりますので、信託の設定時に贈与が生じたとみなされます。しかし、「元本受益権」の評価額は、「信託受益権」の評価額から「収益受益権」の評価額を除いたもので評価することになりますので、信託の設定時においては低い評価額により贈与を行うことができ、少ない税

負担による財産の移転が可能となります。

ご親族の中に障害者がおられ、その方の今後の生活費用等として一括で金銭を信託し、定期的に生活費を受け取れるようにする「特定贈与信託」では、特別障害者については6,000万円、特別障害者以外の障害者については3,000万円を限度として贈与税の非課税制度が設けられています（**ケース32**参照）。

また、祖父母などから孫などへの教育資金の一括贈与制度では1,500万円まで、父母などから子などへの結婚・子育て資金一括贈与制度では1,000万円まで贈与税を非課税とする措置が設けられています（**ケース27 教育資金の一括贈与、ケース28 結婚・子育て資金の一括贈与** 参照）。

ケース**56**

認知症対策としての信託の活用

Q

認知症対策として信託はどのように活用できるのでしょうか。

A

　認知症対策としては、遺言書の作成、成年後見制度などが一般的ですが、信託を活用することにより認知症となり自身の意思能力がなくなった際の事業承継や生活費の保全、贈与等についても、発症前の本人の意思を尊重することができるようになります。

------------------------------ 解　説 ------------------------------

　一般的には認知症となり判断能力が欠けている状態に陥った場合には「成年後見制度」を使うことにより、本人を代理して財産の管理や法律行為を行っていくことになります。しかし、成年後見制度は、本人の財産等を保全する目的から、本人の認知症となる以前からの意思であっても贈与等を行うことができなくなってしまいます（**ケース64**参照）。

　また、死亡後における本人の意思を相続人等に伝える手段として遺言書もありますが、遺言書どおりに執行されない可能性があり、本人の意思は無視されてしまう可能性もあります。

　このような各制度での問題点を補填するために民事信託を活用することが考えられます。

	健常時	意思喪失	死　亡	その後
遺　　言	作　成	―	効力発生	―
成年後見	―	選　任	終　了	―
民事信託	契約　→　信託開始			

　認知症等により意思能力がなくなった場合における信託の活用方法の実例としては以下のような活用事例が考えられます。

① 　意思能力を喪失した後も贈与を継続したい

　　本人が認知症等により意思能力がなくなった場合には、通常では贈与を行うことができませんが、本人の意思能力が喪失した際には、事前に定めた代理人が、一定の条件を満たした推定相続人等に対して贈与を継続して行うようにすることが可能であると考えられます。

　　ただし、ただ単に「意思能力がなくなった際には子どもに毎年100万円、10年間贈与を行う」というような信託を契約した場合には、連年贈与として当初においてすべての贈与が一括して行われたと取り扱われてしまうため注意する必要があります。

② 　認知症となった後に後継者に事業を引き継ぎたい

　　同族会社を営んでおり株式も本人が保有されている場合に、本人の意思能力がなくなった際には議決権を行使することができなくなります。そのため、後継者に事業を引き継がせたい場合には、意思能力喪失前に株式を移転する必要があります。

　　しかし、年齢や経験面等から現時点では後継者に引き継ぐことが難しく、実際に引継ぎを行う時点において自分自身の意思能力が喪失していることにより引継ぎを行えないという不安がある場合には、「本人が認知症になった際」を条件とする信託を自分の意思能力がしっかりしている間に締結しておくことにより、認知症になった際に信託契約にもとづき後継者へ事業を承継させることができるようになります。

これら以外にも、委託者の様々な要望を信託はかなえることができる可能性を秘めており、民法だけでは実現することができなかったことを実現することができるようになる可能性が高くなります。

　ただし、信託契約も遺言と同様に、本人の意思能力が欠けている状態で信託契約を締結することはできませんので注意が必要です。

　また、民事信託は財産権にのみ適用することができる制度であるため、後見制度や遺言などを排除し民事信託のみを利用することはできませんので、各制度をうまく併用していく必要があります。

事業承継対策としての信託の活用

Q

事業承継対策として具体的に信託はどのように活用できますか。

A

　後継者が決定している場合に後継者に議決権を集中しスムーズに承継する場合や、生前の間は経営権を掌握しておき相続開始後にスムーズに経営権の承継を行う場合、まだ後継者が定まっていない場合に条件を満たす後継者が現れた場合に承継を行うことを事前に定めておく等の信託を活用した事業承継対策を行うことができます。

------------------------------ 解 説 ------------------------------

　後継者が既に決定している場合にオーナーが現に有している議決権を後継者に承継する方法として「遺言代用信託」があります。

　「遺言代用信託」とは、委託者の死亡の時に受益者として指定された者が受益権を取得する旨の定めのある信託、または、委託者の死亡の時以後に受益者が信託財産に係る給付を受ける旨の定めのある信託です（信法90）。

　この信託は、議決権行使の指図権があることが大きな特徴となっています。指図権とは、信託により株主となった受託者に対して議決権行使を指図することができる権利をいいます。この指図権を委託者であるオーナーが存命中はオーナーが有し、相続開始後は速やかに信託により定めた受益者に指図権を承継することにより、時間の空白なく経営権を後継者が承継することができる

ようになります。一方、遺言書の場合には後継者が指定されていたとしても、遺言書の執行に時間がかかるため経営に空白期間が生じる可能性が有ります。

信託期間中

死亡時

なお、後継者候補者がまだ経験が不足していたり、年齢が若かったりするために現状では後継者が正式に決定していない場合には、存命中の議決権行使の指図権については通常どおりにオーナーが所有しています。

なお、相続が開始した際に後継者候補者に経営権を渡すことができる状態であるかどうか不明ですので、後継者候補者が後継者としてふさわしい状況にあるかを判断する受益者指定権者に取締役会と定め、取締役会が条件を満たしているかどうかを判断し、議決権行使の指図権を渡すことができるようにしておくことにより、後継者候補者に適正な時期に承継を行うことができるようになります。

また、後継者に承継するまでの間は、例えば専務や副社長などオーナー健在時の経営陣が引き続き経営し、受託者である信託会社が議決権行使を行うことで、経営に空白期間が生まれることを防ぐこともできます。

受益者連続信託で次世代への財産承継

Q

受益者連続信託とはどのような制度なのでしょうか。

A

受益者連続信託は、受益者を指定するだけではなく、その受益者が死亡した場合に備えて次の受益者を決めておく信託のことで、一般的には「後継ぎ遺贈型受益者連続信託」といいます。次の受益者を決めることができるため、数次相続が発生した際に、事業承継や資産承継がスムーズかつご自身の意思により行うことが可能になります。

解説

「後継ぎ遺贈型受益者連続信託」は委託者が自分の意志により、信託の設定の際に受益者だけでなく受益者が死亡した場合に次の受益者やその次の受益者を定めておくことができる信託制度です。

企業オーナーの場合には、後継者だけではなく次の世代の後継者候補についても、委託者の意思により指定することが可能ですので、子どもの世代だけではなく孫の世代まで一族で事業承継を考えられている企業オーナーが役立てることができる信託ということができます。

受益者 → 死亡による受益権の移動 → 第二受益者 → 死亡による受益権の移動 → 第三受益者

　「遺言」を書くことにより自分自身の希望どおりに財産の承継を行っていくことができると思われている人が多いようです。確かに自分の相続に備えて遺言を書いておけば自身の相続の際には、自分の意思どおりに相続を行うことが可能ですが、財産を受け取った人の相続についてはコントロールを行うことができません。

　対して「後継ぎ遺贈型受益者連続信託」は、受益者をあらかじめ順次定めて置くことが可能ですので、ご自身の意思を受益者がなくなった後もコントロールすることが可能です。このように「信託」は「遺言」と異なり、「後継ぎ遺贈」が可能となります。

　ただし、受益権の承継には回数の制限はなく、順次承継する受益者の数にも制限はありませんが、信託されたときから30年経過後に新たに受益権を取得した受益者が死亡するまで、または受益権が消滅するまでが信託期間と定められています。したがって、信託設定後30年を経過した後は、一度しか新たな承継を行うことができない点に、注意が必要となります（信法91）。

　相続税法では、受益者の死亡により他の者が新たに受益権を取得する後継ぎ遺贈の定めのある信託（信法91）、受益者指定権による受益者の指定等の定めのある信託（信法89）等の一定の事由により受益権が移動する定めのある信託を「受益者連続型信託」と定めています（相法9の3①）。受益者の死亡による受益の承継が発生するつど、相続税の課税対象となることから、税務面から見た場合には必ずしも効率的ではない場合があります。

第 **9** 章

よくある
贈与の問題

ケース

59

税務署に否認されない贈与の方法

Q

税務署に否認されない贈与の方法を教えてください。

A

　贈与は契約ですので贈与者と受贈者双方の合意が必要となります。贈与成立の証拠を贈与契約書等の書面により保存しておいたほうがいいでしょう。

------- 解 説 -------

　生前贈与は計画的にやれば相続税対策として有効ですが、誤った方法で贈与をした場合には、税務署から指摘をされ、名義預金や名義有価証券として、預金等名義人の財産ではなく被相続人の相続財産に含めなければならない場合も生じるため、注意が必要です（**ケース 61 名義財産と贈与の関係**参照）。名義預金や名義有価証券と認定されるということは贈与が成立していないといわれることと同義です。贈与の成立を適正に立証するために、下記に重要なポイントをまとめます。

1 贈与契約書の作成

　民法上、贈与契約は口頭でも成立しますが、口頭の贈与契約は取消しができるため、贈与契約書を作成し、贈与契約の内容を明確に書面で記録しておくことがいいでしょう。

2 贈与契約の実行

　贈与契約書を作成しただけで、贈与を実際に行わなければ、贈与が成立したとはいえません。よって、作成した贈与契約書に基づき必ず贈与を実行してください。また、贈与の実行は現金ではなく、できるだけ客観的な記録が残る預金や有価証券を通して行うべきでしょう。

3 贈与後の管理支配

　受贈者は、贈与を受けた預貯金等を実質的に管理支配する必要があります。すなわち、受贈者の意思で自由に使える状態になければ贈与が成立したとはいえません。たまに親が子どもに内緒で子ども名義の預金通帳を作成しているケースが見受けられますが、これでは贈与の成立を立証することは困難です。

　よって、問題なく贈与を成立させる方法のひとつとして、受贈者が普段使っている預金口座に振り込むことが考えられます。

4 贈与税の申告

　贈与税の基礎控除額である110万円を超える贈与をし、贈与税の確定申告をすることも贈与を立証するために有効です。

　例えば、120万円の贈与であれば贈与税は1万円ですむため、比較的低コストで行うことが可能です。

贈与税の除斥期間

Q

10年以上前の贈与について、贈与税の申告が必要でしょうか。

A

　贈与税の除斥期間は６年、悪質な場合には７年とされていますので、10年以上前に贈与が適正に成立していた場合には贈与税の申告はできないこととなります。

---- 解 説 ----

　国税の除斥期間（税務署長が納税義務の確定手続を行うことができる期間）は、原則として５年となりますが、贈与税については、相続税法において次のそれぞれに定める期限または日から６年と規定されています。

① 　贈与税についての更正決定　その更正決定に係る贈与税の期限内申告書の提出期限

② 　上記①の更正決定に伴い国税通則法19条１項（修正申告）に規定する課税標準等または税額等に異動を生ずべき贈与税に係る更正決定　その更正決定に係る贈与税の期限内申告書の提出期限

③ 　上記①及び②に掲げる更正決定もしくは期限後申告書もしくは修正申告書の提出またはこれらの更正決定もしくは提出に伴い異動を生ずべき贈与税に係る更正決定もしくは期限後申告書もしくは修正申告書の提出に伴い、これらの贈与税に係る国税通則法69条（加算税の税目）に規定

する加算税についてする賦課決定　その納税義務の成立の日（相法36①）

　なお、偽りその他不正の行為により、税額の全部もしくは一部を免れまたは還付を受けた場合における更正決定等の除斥期間は7年となります（通法70⑤）。

　ちなみに主な税目別の更正決定等の除斥期間は、下記のとおりとなります。

対象税目		除斥期間
申告所得税		5年（通法70①一）
	純損失等の金額に係る更正	5年（通法70①一）
法　人　税		5年（通法70①一）
	純損失等の金額に係る更正	10年（通法70②）
	移転価格税制に係る更正	7年（措法66の4㉗）
相　続　税		5年（通法70①一）
贈　与　税		6年（相法36①）
消費税及び地方消費税		5年（通法70①一）
酒　税		5年（通法70①一）

61

名義財産と贈与の関係

Q

妻名義の預金は、私の相続財産とはならないと考えてよろしいでしょうか。

なお、妻は専業主婦であり給与収入等はありません。私名義の預金も妻名義の預金も通帳等の口座管理はすべて妻がしています。

A

夫婦間で適正に贈与が成立していない場合等には、妻名義の預金もあなたの相続財産となります。

解 説

1 名義預金の判定

名義預金に該当するか否かの判定は、財産評価基本通達等に規定されておらず、過去の判例等を参考にして判定することになります。基本的には下記5要素を総合的に考慮して判定します。

① 原　資

　その財産の購入原資の出捐者は誰か

② 管　理

　その財産の管理運用の状況（その財産の運用意思決定者は誰か）

③ 利　益

　　　その財産から生ずる利益の帰属者は誰か

④　経　緯

　　　その財産の名義人がその名義を有することになった経緯

⑤　関　係

　　　その財産の名義人とその財産の出捐者、管理運用者との関係

2 妻の固有財産と認められる金額

　被相続人が夫の場合における妻名義の預金については、上記**1**の5要素のうち、①の原資が重要視されます。妻名義の預金の口座管理を妻がしていたとしても、その預金の出捐者が夫である場合、名義預金として夫の相続財産と認定されるのが通例です。

　なお、専業主婦である妻名義の預金で妻の固有財産（夫の財産に含めなくてもよい財産）は下記のようなものが想定されます。

①　結婚持参金

②　結婚後の給与や不動産等の収入

③　配偶者の両親等からの相続財産

④　適正な手続により受けた贈与財産

⑤　公的年金等

⑥　上記に係る運用益

Check!

▶ 専業主婦である妻名義のヘソクリは名義預金として原則として夫の相続財産に含まれる

相続人以外への贈与で効果的な節税を

Q

高齢の母の相続税が心配で、生前贈与を検討しています。子どもに贈与するより孫に贈与したほうがいい、と聞きましたがなぜでしょうか。

A

　相続税の計算上、相続または遺贈により財産を取得した者への相続開始前3年以内の贈与は、相続財産に上乗せして計上しなければなりません。

　相続税対策として相続人へ暦年贈与をしていても、贈与してから3年以内に相続が発生してしまった場合には、贈与した価額は相続税に加算されてしまい、対策の意味がなくなってしまいます。

　そこで、相続により財産を取得しない孫や子の配偶者に贈与をすることで、相続財産に加算されない効果的な贈与を検討しましょう。

------------------------------ **解 説** ------------------------------

1 生前贈与加算（相法19）

　相続または遺贈により財産を取得した者がその相続開始前3年以内にその相続に係る被相続人から贈与により取得した財産は、相続税の課税価格にその贈与により取得した財産の価額を加算します（この規定は暦年贈与を対象にしており、相続時精算課税を適用している場合には、別の規定により相続税の計算上加算されます。以下同じ）。

　加算される贈与財産に対して過年度に贈与税の支払いがされている場合には、その支払った贈与税については、相続税の計算上控除します。

　相続税の生前贈与加算は、相続または遺贈により財産を取得した者に限られるため、相続または遺贈により財産を取得していない者への生前贈与は、加算されません。

　相続税で適用される最高税率が贈与税の実効税率よりも高い場合には、積極的に生前贈与を行ったほうがいいのですが、贈与後3年以内に相続が発生してしまっては意味がなくなってしまいます。この場合、相続人以外への贈与を行うことで、効果的な生前対策をすることができます。

　下の図表では、毎年500万円の贈与を行っていて相続が発生した場合、相続人である子に贈与を行ったときと相続人でない孫への贈与を行っていたときを比較したものです。相続開始時の相続財産が3億円、相続人が子2人であることを前提としております。

　相続人ではない孫に生前贈与をしていた場合には子に生前贈与をしていた場合と比べて454.5万円の節税、さらに孫2人に分散して贈与をしていた場合には516万円節税となっています。

相続人以外への生前贈与の効果

	①子1人に贈与した場合	②孫1人に贈与した場合	③孫2人に贈与した場合*2
贈与税（1年目）	48万5,000円	48万5,000円	28万円
贈与税（2年目）	48万5,000円	48万5,000円	28万円
贈与税（相続開始年）	0円	48万5,000円	28万円
相続税（生前贈与加算分）*3	503万円*4	0円	0円
合　計	600万円	145万5,000円	84万円

＊1　上表は年間500万円生前贈与、相続開始時の相続財産3億円、相続人子2人の場合

＊2　③のケースでは、孫1人につき250万円（計500万円）贈与した場合で計算しています。

＊3　生前贈与加算を考慮して相続税を計算した場合と生前贈与加算を考慮しなくて

いい場合との相続税の差額を計算しています。

＊4　課税価格 300,000,000 円 +15,000,000 円＝ 315,000,000 円

　　　算出相続税額　75,200,000 円　　　　　贈与税額控除 970,000 円

　　　納付相続税額　74,230,000 円

　　　3 億円の財産に対して課税される相続税額　　　69,200,000 円

　　　生前贈与 1,500 万円が加算されたことによる増差税額

　　　　　　　　　　　　74,230,000 円－ 69,200,000＝5,030,000 円

2　相続税に加算される贈与財産・加算されない贈与財産（相基通19 - 1、19 - 3、19 - 4、19 - 8）

❶加算される贈与財産

　相続税に加算される贈与財産は、相続または遺贈により財産を取得した者がその相続に係る被相続人から相続開始前 3 年以内に贈与により取得した財産です。また、相続税で加算する贈与財産の価額は贈与の時における価額です。

　加算される贈与財産は、暦年贈与で贈与税を申告した財産はもちろん、贈与税がかかっていない基礎控除以下（110 万円以下）の財産及び相続開始の年に贈与された財産も含みます。

❷加算されない財産

　相続開始前 3 年以内の贈与で相続税に加算されない贈与財産は次のとおりです。

①　贈与税の配偶者控除の特例を受けている財産（相続開始年に受けようとする財産を含む）の配偶者控除額相当額

　　複数年にわたり贈与税の配偶者控除の適用を受けていた場合には、3 年以内の贈与から優先的に配偶者控除額が適用されます。

②　直系尊属から贈与を受けた住宅取得等資金で、非課税の適用を受けた金額

③　直系尊属から一括贈与を受けた教育資金で、非課税の適用を受けた金額

　　（上記の金額のうち、贈与者死亡時の管理残額については、相続等により取得し

たものとみなして、相続税の課税価格に加算される場合があります）

④　直系尊属から一括贈与を受けた結婚・子育て資金のうち、非課税の適
　用を受けた金額

　　（上記の金額のうち、贈与者死亡時の管理残額については、相続等により取得し
　たものとみなして、相続税の課税価格に加算される場合があります）

⑤　相続放棄等により相続等で財産を一切取得しなかった者が、当該相続
　に係る被相続人から受けた贈与財産

⑥　贈与税の制限納税義務者が贈与により取得した財産で贈与税の課税さ
　れない国外財産

　贈与を受けた者が相続開始した時に無制限納税義務者に該当したとして
も、贈与時に贈与税の課税財産とならないものについては、相続税の計算上
加算しません。

幼児に対する贈与は可能か

Q

父の余命が長くないので、私の10歳の息子(孫)に500万円生前贈与をしたいのですが、これは可能でしょうか。

A

贈与契約が成立する要件を満たしていれば、未成年への贈与を行うことができます。

未成年の受贈者への贈与は、未成年の親が親権者として契約します。

親権者が贈与契約書を作成し、贈与税申告が必要な場合には贈与税申告も済ませましょう。

なお、子どもが成年になったときには、管理を子どもに移しましょう。

解説

1 民法における未成年者の贈与

民法では親権者を次のように規定しています。

- 未成年の子は父母の親権に服している。
- 親権者は子の財産に関する法律行為についてその子を代表する。
- 子の財産は親権者が注意をもって管理しなければならない。
- 成年になったとき親権者は財産の計算をしなければならない。

このとき養育等にかかった費用は財産から相殺できる。

　未成年の子への贈与は、子が贈与の事実を知っていたかどうかにかかわらず、親権者が贈与を受ける意思を示せば成立します。贈与を受けることは、利益相反行為には該当しないため、特別代理人の手続をするまでもなく、親権者の一存で契約が成立します。

　祖父母から未成年の孫への贈与の場合、祖父母と孫の親権者として親が贈与契約します。

　親から未成年の子への贈与の場合、親自身が贈与者であり受贈者の代理人となります。同一人物のもとで贈与契約が行われ、贈与が成立することになります。

　未成年の子が成年になったら、親権者が財産を管理する義務はなくなるため、親は子の財産内容を整理し、すみやかに子に財産の管理を移しましょう。成年になった子の財産の存在をその子自身が知らず、引き続き親が管理していると問題が生じる可能性があります（民818、824、827、828）。

2　未成年者への贈与事例

　贈与は口頭でも成立しますが、未成年の子への贈与で親権者が贈与契約した場合には、誰に対する贈与なのか、贈与事実が存在していたか、といった贈与事実がわかりづらくなるため、贈与契約書を作成するようにしましょう。

　平成19年6月26日の国税不服審判所の裁決事例では、未成年の子に対する親権者自身からの贈与で、贈与税の申告がなされていたものの、贈与契約書がありませんでした。この事例では、贈与税の申告は必ずしも贈与事実の存否を明らかにするものではないので、将来贈与の事実に疑義が生じないよう贈与契約書を作成するのが自然、と判断されています。

　また、父が未成年の子名義の預金に保険料支払があるつど、保険料相当額の贈与を行った契約について、贈与が認められた裁決があります。一方、贈与契約の法律行為が有効に成立していると認められない場合には、保険料負担者が親とされてしまい、保険金受取時に課税されてしまった事例もあるので、注意が必要です。

ケース **64**

認知症の母からの贈与

Q

母の相続税対策で生前贈与を検討しています。母は認知症ですが、問題ないでしょうか。

A

　贈与は財産をあげる側が贈与の意思を示せなければ成立しません。贈与をする意思が示せるようであれば、生前贈与が可能ですが、判断能力が衰えて、贈与をする意思を示せない状態であれば、生前贈与はできません。

　また、成年後見人がついている場合、本人に代わって成年後見人が法律行為を行うことができますが、贈与は被後見者の財産を減らす行為のため、裁判所から認められないでしょう。

------------------------- 解 説 -------------------------

1 認知症と後見制度

　認知症は後天的な脳の器質的障害で、もともとあった知能等が低下していく状態をいいます。物覚えが悪くなるといった誰にでも起こる老化現象ではなく、病的に能力が低下してくるものです。

　認知症で判断能力が不十分な人は、財産管理や契約行為が難しくなります。判断能力が不十分な人を保護して支援する制度として、成年後見制度があり

ます。成年後見制度を利用すると、本人に代わって成年後見人等が法律行為を行うことができます。ただし、成年後見人等は本人の財産を守るために選任されているため、贈与等により本人の財産を減らすような行為は認められていません。成年後見人等が勝手に贈与契約を行った場合には、裁判所からその贈与行為の取消しや成年後見人等の解任をされる可能性があり、成年後見人等が贈与契約を行うことは難しいです（民7、846）。

2 生前贈与が否認される場合

　贈与は贈与者と受贈者の贈与の意思があって成立します。このため、財産をあげる贈与者が認知症により判断能力が衰えてしまった場合、あげる側の意思能力に疑問が生じるため、贈与契約は成立しなくなります。

　意思能力とは有効に意思表示する能力のことをいい、意思能力を欠く人の法律行為は無効とされているように、法律行為を行うためには意思能力が前提とされています。

　司法書士が不動産の贈与登記を行う場合、司法書士が本人確認と意思確認をします。贈与契約書に署名捺印があったとしても、贈与者が認知症である場合には、司法書士は登記手続を進めることができません。

　一方、認知症にも軽度のものから重度のものまで様々で、認知症だから意思能力がないとは一概に言い切れません。認知症と診断された後に作成された公正証書の死因贈与契約が有効とされた判例（東京地判平22.7.13）もあるように、認知症の人の意思能力の有無は事例ごとに個別検討が必要となります。

　認知症が進行して判断が難しくなってきた場合や成年後見人が選任されている場合には、契約書に本人の署名があったとしても、贈与が無効とされてしまうので、注意が必要です（民549）。

　なお、認知症になる前の対策として、**ケース56 認知症対策としての信託の活用**の検討も有効でしょう。

連年贈与の危険性

> ## Q
>
> 生前対策として毎年100万円を10年間にわたって孫に贈与する予定です。これを「連年贈与」というと聞きましたが、これについて気をつけることを教えてください。
>
> ## A
>
> 　1年に100万円の贈与は、贈与税の基礎控除110万円の範囲内のため、贈与税がかかりません。
>
> 　一方、100万円を10年にわたって贈与する、という約束により贈与が行われた場合には、定期金を一定期間渡すという契約として、契約した年に定期金に関する権利の贈与があったものとして贈与税が課税されますので、注意が必要です。

-------------------- 解説 --------------------

1 連年贈与と一般的な贈与の違い

　暦年贈与と連年贈与とは異なります。暦年贈与とは、毎年1月1日から12月31日までの1年間の贈与額が110万円以下であった場合に、贈与税がかからない贈与の方法です。

　連年贈与とは、『一定期間、一定額を贈与する』という約束に基づき行われる贈与のことです。

「毎年贈与契約書をつくるのは面倒だし、忘れてしまうかもしれないから、年100万円ずつ10年に渡って贈与します、という契約書をつくってしまった」

「高齢で、いつ判断能力が衰えてしまうかわからないので、10年分贈与する約束をしてしまいたい」

こういったケースは、各年110万円の暦年贈与の基礎控除内であるから贈与税の申告は必要ない、という考えがあてはまらなくなります。つまり、「連年贈与」とされるため、贈与した年に、毎年100万円を10年間にわたって受け取る権利（994.5万円（下記**2**参照））から基礎控除額110万円を控除した額に対して、贈与税が課税されます。

一方、「令和2年○月○日に110万円の財産を贈与する」「令和3年○月○日に110万円の財産を贈与する」といった各年別々の贈与契約が行われる場合は、連年贈与ではありません。

なお、受贈者が保険契約を締結して、その保険料の原資を毎年贈与により受け取る場合、連年贈与のようにみえてしまいます。このような場合であっても、各年個別に贈与契約を行っている贈与であれば、財産を毎年同じ目的で使用していたとしても、連年贈与とはなりません。連年贈与は贈与の契約形態であり、贈与した資金をどのように使用したかは、問題になりません。

2 連年贈与とされた場合

連年贈与とされた場合、贈与税は次のとおりとなります。

毎年100万円を10年間にわたって贈与をする、と約束していて、連年贈与とされてしまった場合には、165万円の贈与税が課税されてしまいます（予定利率を0.1%、親から20歳以上の子へ贈与があったものとしています）。

課税価格：$1,000,000円 \times 9.945$（10年間の複利年金現価率）$= 9,945,000$円

贈与税額：$(9,945,000円 - 1,100,000円) \times 30\% - 900,000円 =$

$$1,753,500円$$

3 連年贈与とされないために

　連年贈与とされないためには、贈与のつど契約書を作成して、各年の贈与の実態を残しておくことが一番です。契約書をつくらず預金移動のみで生前贈与を行う場合には、毎年日付や贈与額を変えおいたほうが、後で問題にならないでしょう。

ケース **66**

親からの借入れと贈与の関係

Q

親からの借入金については、贈与とみなされるのでしょうか。

A

親と子、祖父母と孫など特殊関係がある人相互間における金銭の貸借は、その貸借が、借入金の返済能力や返済状況などからみて金銭の貸借であると認められる場合には、贈与となりません。

ただし、実質的な贈与であるにもかかわらず、形式上貸借としている場合には、借入金そのものが贈与として取り扱われます。

解説

---

1 贈与とみなされる場合

夫と妻、親と子、祖父母と孫等特殊の関係がある者相互間で金銭等の授受が行われた場合には、実際は贈与であるにもかかわらず、賃借に仮装して贈与税課税回避を図ろうとする例があります。そのため、これらの特殊関係がある者相互間で金銭の貸与等において、実質的に贈与であるにもかかわらず、貸借の形式をとっている場合、「ある時払いの催促なし」または「出世払い」等の貸借の場合には、贈与として取り扱われます（相基通9‐10）。

2 貸借とするには

　特殊の関係がある者相互間での金銭等の授受が、贈与ではなく貸借として認められる場合には、主に次の点に注意することが必要です。

①　契約書を作成する

　　金銭消費貸借契約書を作成し、借入金額、利息、返済期間等の条件を明示します。返済方法は、長期の据置期間をおかずに、毎月定額を返済するようにしましょう。

②　借入金の返済証拠を残す

　　借入金の返済は、現金の手渡しではなく、預金通帳を通して返済し、返済の客観的証拠を残すようにしましょう。

③　無理のない借入金の返済計画を立てる

　　借入金が賃借人である子の所得から判断して返済可能な金額であるか、賃貸人の親の年齢等を考慮した返済期間が設けられているかなど考慮し、無理のない返済計画を立てるようにしましょう。

3 借入金の利子について

　事実上貸借であることが明らかとなった場合においても、無利子で貸与があった場合には、利子に相当する金額の利益を受けたものとして、その利益相当額は、贈与として取り扱われる場合があります。ただし、その利益を受ける金額が少額である場合または課税上弊害がないと認められる場合には、強いて贈与税の課税をしなくてもよいこととされています（相基通9‐10）。

Check!

▶ 親子間など親族間での金銭の貸借は、返済能力及び返済状況などから借入金そのものが贈与とみなされる場合がある。そのため、親族間で金銭の貸借を行う場合には、契約書を作成し、無理のない返済計画を立て、通帳を通して返済していくことが重要

▶ 借入金の利子に相当する金額の利益は、少額である場合または課税上弊害がないと認められる場合には、贈与税は課税されない

親子間の土地の貸借（使用貸借）

> **Q**
>
> **親子間で使用貸借による土地の借受けがあった場合、借地権相当額に対する贈与税が課税されるのでしょうか。**
>
> **A**
>
> 親子間で使用貸借による土地の借受けがあった場合には、課税関係は生じません。

------ 解 説 ------

1 概 要

　建物の所有を目的として土地の借受けがあった場合、地主と借地人の関係が第三者間であるときは、権利金その他一時金を支払う取引上の慣行がある地域においては、通常権利金等が授受されますが、地主と借地人の関係が親子などの親族間においては、権利金等を授受しない使用貸借による土地の借受けが一般的です。

　このような個人間で使用貸借による土地の借受けがあった場合、昭和48年11月1日付直資2-189「使用貸借に係る土地についての相続税及び贈与税の取扱いについて」（以下、使用貸借通達）により、その課税関係が定められています。

　なお、当該通達は、個人間の貸借関係の実情を踏まえて定められたもので

あるため、当事者のいずれか一方が法人である場合については、原則として、法人税の取扱いに準拠することとなります。

2 使用貸借による土地の借受けがあった場合

　個人間で、建物等（建物または構築物）の所有を目的として使用貸借による土地の借受けがあった場合、借地権（建物等の所有を目的とする地上権または賃借権をいいます）の設定に際し、その設定の対価として通常権利金その他一時金を支払う取引上の慣行がある地域においても、当該土地の使用貸借に係る使用権の価額は、ゼロとして取り扱われます（使用貸借通達1）。

　つまり、土地の使用借権は、建物等の所有を目的とする場合であってもゼロとして取り扱い、当該借受者に対し、その権利の取得については贈与税を課税しないということになります。

3 使用貸借とは

　この場合の使用貸借とは、民法593条に規定する契約をいい、土地の借受者と所有者との間に当該借受けに係る土地の公租公課（固定資産税など）に相当する金額以下の金額の授受があるにすぎないものは、使用貸借に該当し、土地の借受けについて地代の授受がないものであっても権利金その他地代に代わる経済的利益の授受があるものは使用貸借に該当しません（使用貸借通達1）。

4 使用貸借による土地の評価

　使用貸借に係る宅地は、相続財産としては自用地として評価することとなり、借地権が設定された宅地として評価することはできません（使用貸借通達1）。

　親子間の土地の貸借における土地の評価の具体例は、**ケース69**及び**70**を参照してください。

　なお、法人が無償返還の届出書の提出がなく使用貸借を行っている場合、借地権が設定されているものとみなされます（昭60.6.5付課資2-57「相当の地

代を支払っている場合等の借地権等についての相続税及び贈与税の取扱いについて」8参照)。

　また、生計を一にする親族以外の者に対し、使用貸借により土地を貸している場合は、「貸付事業用宅地等」として、小規模宅地等の課税の特例を適用することはできません（措法69の4①）。

5 具体的事例

　使用貸借通達1が適用される具体的事例を紹介します。

①　個人が所有する土地に個人が建物等を建築した場合

　　Aが所有する土地の上にBの所有する建物を建築し、A及びB間の土地の貸借関係が使用貸借の場合には、課税関係は生じません。

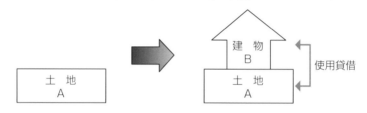

②　土地及び建物等を所有している個人が、建物等を贈与した場合

　　Aが所有する土地及び建物のうち、建物をBに贈与し、A及びB間の土地の貸借関係が使用貸借の場合には、課税関係は生じません。

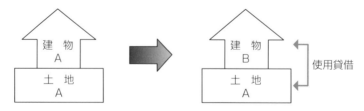

③　土地及び建物等を所有している個人が、土地を贈与した場合

　　Aが所有する土地及び建物のうち、土地をBに贈与し、A及びB間の土地の貸借関係が使用貸借の場合には、課税関係は生じません。

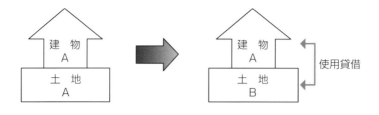

Check！

▶ 個人間で建物等の所有を目的とした使用貸借による土地の借受けが
あった場合、当該借受者に対し、使用借権の権利の取得について、贈
与税を課税しない

▶ 土地の借受けに係る地代が公租公課以下である場合には、使用貸借と
して取り扱われる

▶ 使用貸借通達は、個人間の土地の借受けに適用される。当事者の一方
が法人である場合には、法人税の取扱いに準拠する

親子間の土地の貸借（借地権の転貸）

Q

親が所有する借地権を子が使用貸借により借り受けて、子が所有する建物を建築した場合の課税関係を教えてください。

A

使用貸借により借り受けた当該借地権の使用貸借に係る使用権の価額は、ゼロとして取り扱うため、課税関係は生じません。

------------------------------ 解説 ------------------------------

1 使用貸借による借地権の転借があった場合

借地権者からその借地権の目的となっている土地の全部または一部を使用貸借により借り受けてその土地の上に建物等を建築した場合、または、借地権の目的となっている土地の上に存する建物等を取得しその建物等の敷地を借地権者から使用貸借により借り受けることとなった場合においては、当該借地権の使用貸借に係る使用権の価額は、ゼロとして取り扱います（使用貸借通達2）。

この取扱いは、借地権を使用する権利についても、使用貸借通達1の取扱いと同様である考え、その借地権の使用権の価額をゼロとし、当該借受者に対し贈与税を課税しないこととするものです（使用貸借通達1については、**ケース67**を参照）。

2 使用貸借の事実の確認

上記**1**の場合、使用貸借の設定時点において、贈与税の課税関係は生じませんが、借地権者自身が建物等を所有していないことや、当該借地権の登記が通常されないことが多いなどの理由により、当該貸借が使用貸借に該当するかどうかについて、当該貸借に係る借受者、借地権者及び土地の所有者の三者がその事実を確認することとしています（使用貸借通達2）。

具体的な手続としては「借地権の使用貸借に関する確認書」(次頁参照)を、使用貸借に係る借受者の住所地を所轄する税務署に提出することとなります。

この手続は、借地権者からその借地権の目的となっている土地を使用貸借により借り受けて、その土地の上に建物等を建築した場合などにおいて、その借受けが使用貸借に該当するものであることについて、使用貸借に係る借受者、借地権者及び土地の所有者がその事実を確認し、その内容を借受者が申し出る手続となります。借地権を使用貸借により借り受けた後、すみやかに税務署に提出することとなっています。

3 具体的事例

使用貸借通達2が適用される具体的事例を紹介します。

① 借地権を所有している個人が、建物のみを個人に贈与した場合

借地権者であるBが所有する建物のみをCに贈与した場合で、BとCの貸借が使用貸借契約であるときは、課税関係は生じません。

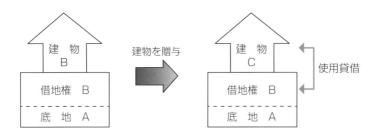

借地権の使用貸借に関する確認書

① （借地権者）　　　　　　　　（借受者）

_____は、_____に対し、令和_____年_____月_____日にその借地

している下記の土地 { に建物を建築させることになりました。_____ } しかし、その土地の使用

の上に建築されている建物を贈与（譲渡）しました。

（借地権者）

関係は使用貸借によるものであり、_____の借地権者としての従前の地位には、何ら変

更はありません。

記

土地の所在_____

地　　積_____㎡

② 上記①の事実に相違ありません。したがって、今後相続税等の課税に当たりましては、建物の所有者はこ
の土地について何らの権利を有さず、借地権者が借地権を有するものとして取り扱われることを確認します。

令和　　　年　　　月　　　日

借 地 権 者（住所）_____（氏名）_____

建物の所有者（住所）_____（氏名）_____

③ 上記①の事実に相違ありません。

令和　　　年　　　月　　　日

土地の所有者（住所）_____（氏名）_____

㊞

上記①の事実を確認した。

令和　　　年　　　月　　　日

（確認者）_____税務署_____部門　担当者_____

（注）㊞印欄は記入しないでください。

* 　出所：国税庁ホームページ

② 借地権者が建物を取り壊し、借地権者以外の個人が建物を建築した場合

借地権者であるBが所有する建物を取り壊し、当該土地の上にCが建物を建築した場合で、BとCの貸借が使用貸借契約であるときは、課税関係は生じません。

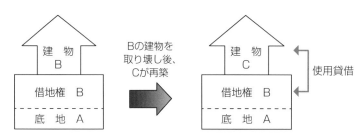

③ 借地権の一部に、借地権者以外の個人が建物を建築した場合

借地権者であるBが所有する借地権上にCが建物を建築した場合で、BとCの貸借が使用貸借契約であるときは、課税関係は生じません。

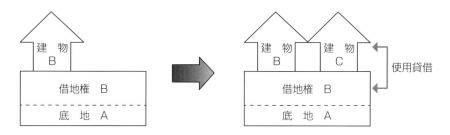

Check!

- ▶ 個人間で借地権を使用貸借で借り受けた場合には、当該借地権の使用貸借に係る使用権の価額はゼロとされ、贈与税は課税されない
- ▶ 借地権を使用貸借で借り受けた場合には、当該借地権の借受者、借地権者及び土地の所有者の三者がその事実を確認し、「借地権の使用貸借に関する確認書」を税務署に提出する必要がある

69

親子間の土地の貸借

（賃貸物件の贈与は貸家建付地評価可能？）

Q

父が所有している貸家建物の贈与を受けました。建物の敷地は父より使用貸借により借り受けています。この場合、父の相続があったときは、当該敷地は貸家建付地として評価することができますか。

A

建物の賃貸借契約書が父と建物賃借人との間で締結されたものであり、当該賃借人が建物を継続して賃借している場合には、貸家建付地として評価することができます。

-----------------------------　解 説　-----------------------------

1 使用借権が設定されている貸家の敷地の評価について

父より使用貸借により借り受けている土地に建物を建築し、当該建物を第三者に賃貸した場合、当該建物の敷地は自用地として評価します（**ケース67 4**参照）。

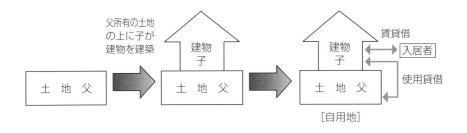

　ただし、父より第三者に賃貸されている建物の贈与を受け、その結果、建物の敷地を父より使用貸借により借り受けることとなった場合には、建物の賃貸借契約が父と建物賃借人との間で締結されたものであるときは、当該敷地は貸家建付地として評価します。

　これは、建物の賃貸借契約が父と建物賃借人との間で締結されたものであることから、建物賃借人は当該土地の使用権を有していると考えられ、たとえ、父から子へと建物の所有者に変更があり、新しい建物の所有者である子の敷地利用権が使用貸借に基づくものであっても、建物賃借人の敷地利用権には変更がないと考えられるためです。

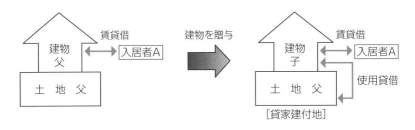

　また、父から建物の贈与を受けた時点と父の相続があった時点で、当該建物賃貸人に変更がある場合には、当該敷地は自用地として評価します。

　これは、旧借家人が有していた敷地利用権が賃貸借契約を解約した時点で消滅し、敷地利用権の優先性がなくなり、土地の使用貸借契約がなされていることを前提に評価することとなるためです。

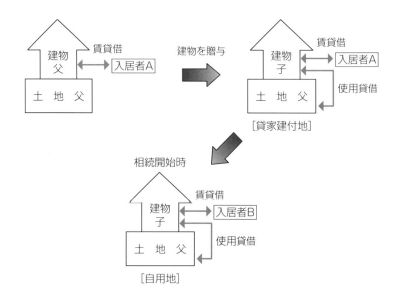

[貸家建付地]

[自用地]

Check!

▶ 他人に賃貸している建物の贈与を受け、建物の敷地を使用貸借で借り受けることとなった場合でも、建物の賃貸借契約が贈与者と建物賃借人との間に締結されたものであるときは、当該敷地は貸家建付地として評価する

▶ 建物の贈与時と建物贈与者の相続時で、建物賃借人が変わっている場合には、当該敷地は自用地として評価する

▶ 建物をサブリースにより不動産管理会社に一括貸しを行い、不動産管理会社が入居者に転貸している場合には、建物の贈与時と建物贈与者の相続時で、入居者が変わっている場合でも、建物賃借人（不動産管理会社）に変更がないため、当該敷地は貸家建付地として評価する

ケース **70**

親子間の土地の貸借
（使用貸借なのに底地評価とは）

Q

　父が所有している土地の上に、息子である私が所有する建物を建築し、使用貸借により借り受けていました。建築時期は昭和48年よりも前ですが、父に相続があった場合には、当該土地の評価は自用地として評価するのでしょうか。

A

　使用貸借通達適用前は、土地を使用貸借により借り受けた際に、借地権相当額に対し贈与税が課税されていたことがありました。建築時期が昭和48年よりも前であれば、借地権相当額に対し贈与税が課税されている可能性があるため、使用貸借通達の経過的措置により、当該土地の評価は貸宅地として評価します。

-- 解 説 --

1 使用貸借通達の経過的取扱い

　使用貸借通達の適用前においては、建物等の所有を目的として無償の土地の借受けがあった場合、土地の借受者が土地の所有者から借地権に相当する利益の供与を受けたものとして、贈与税の課税がされていた例がありました。また、無償で借り受けている土地の上に存する建物等を相続または贈与により取得した場合、借地権に相当する利益の供与を受けたものとして、相続税

219

または贈与税が課税されていた例がありました。

　使用貸借通達の適用後では、土地等の使用貸借があった場合には使用借権の価額をゼロとして取り扱うため、従前の取扱いとの整合性を図る必要があります。そのため、経過的取扱いが定められました。

2 具体的事例

　従前の取扱いにより、建物等の所有を目的として無償で借受けがあった時に当該土地の借受者が当該土地の所有者から借地権の価額に相当する利益を受けたものとして当該借受者に贈与税が課税されているもの、または無償で借り受けている土地の上に存する建物等を相続もしくは贈与により取得した時に、取得者が借地権に相当する使用権を取得したものとして相続税もしくは贈与税が課税されているものについては、それぞれ以下のとおりに土地または建物等を評価します（使用貸借通達6）。

　①　建物等を相続または贈与により取得した場合（使用貸借通達6(1)）

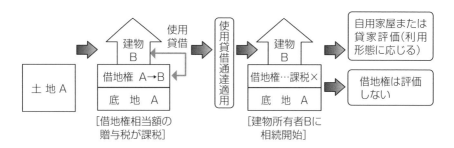

　②　土地を相続または贈与により取得した場合（使用貸借通達6(2)）
　　次に掲げる区分に従ってそれぞれ評価します。

●土地を相続等により取得する前に建物等の所有者に異動があり、異動時に借地権の課税がされていないとき

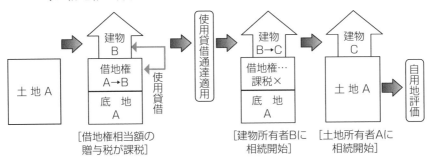

●土地を相続等により取得する前に建物等の所有者に異動があり、異動時に借地権の課税がされているとき

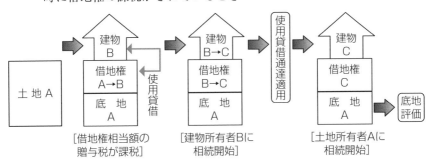

●土地を相続等により取得する前に建物等の所有者に異動がないとき

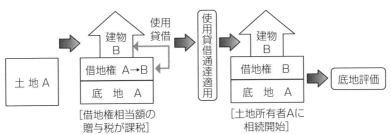

Check!

▶ 使用貸借通達適用前に、建物等の所有者に借地権相当額の利益に対し、贈与税または相続税が課税されている場合には、使用貸借通達適用後の土地または建物等の評価は、一定の区分に従い経過的な取扱いが適用される

▶ 使用貸借通達適用前に、借地権相当額の利益に対し課税されていたかどうかは、時期的にも地域的にも統一が図られていないため、実際に課税されていたかどうかは問わない

第 **10** 章

争族対策

争族の状況・なりやすいパターン

Q

　相続では相続人の間で争いが起こる、いわゆる「争族」があると聞きます。争族は増えてきているのでしょうか。また、実際にどのような場合に争族になりやすいのでしょうか。

A

　近年、争族は増加傾向にあります。争族になりやすいパターンとしては、①相続財産に占める不動産の割合が多く遺産分割等が困難な場合、②特定の相続人に財産の多くを取得させるような遺言書がある場合、③相続人の配偶者など相続人以外の者が発言権を持つ場合、④相続人が配偶者と兄弟姉妹の場合、などがあります。

解 説

　核家族化によるコミュニケーション不足や高齢化による相続人の事情の多様化（長期間にわたる親の介護を特定の子が行うケース、子が親よりも先に死亡し相続人に孫が加わるケースなど）により、相続人間での思いや意見の違いが生じた場合には争族になることが少なくありません。

1 争族の状況（遺産分割調停件数の推移）

　争族の状況を示す遺産分割調停の新受件数は近年大きく増加しており、平成12年では10,910件でしたが、令和2年は14,617件と約1.3倍の件数と

なっています。

　このことから、相続人間の争いは増えてきており、高齢化社会の到来を迎え、今後さらに増加していくことが想定されます。

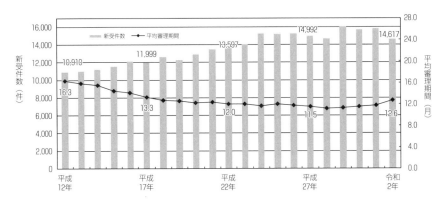

＊1　新受件数は、遺産分割事件に係る審判事件及び調停事件のいずれかとして係属したものを合計した件数であり、調停不成立により審判事件として係属した事件や、審判申立後に調停に付して調停事件として係属した事件を含む。

＊2　出所：裁判所ホームページ『裁判の迅速化に係る検証に関する報告書（第9回）』「V1　家事事件の概況」

　なお、平均の審理期間は、平成12年は16.3か月でしたが、令和2年では12.6か月（約1年）となっており、裁判の迅速化が図られていることがうかがえます。

2 争族になりやすいパターン

　争族になりやすいパターンを項目別に解説致します。

①　相続財産に占める不動産の割合が多く遺産分割等が困難な場合

　　相続財産は自宅のみで時価1億円、相続人は子ども2名というケースで、一方は自宅を売って分割をしたいといい、もう一方は思い入れのある実家なので売りたくないと主張します。売りたくない側に5,000万円の代償金を支払う資金があればいいのですが、資金がない場合にはどちらの主張も通らず、争族となってしまいます。

また、同じ不動産でも各相続人による主観的な価値が異なることもあり、いくらとして捉えるのかという場面でも意見の相違が生じます。

　このように相続財産に占める不動産の割合が多い場合など、遺産分割等が困難になる事由があると、争族が起こりやすくなります。

（ケース 43 参照）

② 特定の相続人に偏る遺言書がある場合

　「事業を引き継ぐ子どもに多くの財産を遺してあげたい」また「介護で苦労をかけた子どもに財産を多く遺したい」など様々な思いから遺言書を作成するケースは多いようです。争族を防ぐために遺言書を作成するように促す書籍等も最近はよく見られるようになりました。

　しかし、現実では遺言書を無理矢理書かせたのではないかなどの疑念から、争族に発展するケースもあります。

　このような場合では、生前に本人の口から意思を伝えることや、遺言書になぜそのように相続をさせたいのかといった理由を記載しておくことで、争族を防ぐ要素となるでしょう。

③ 相続人の配偶者など相続人以外の者が発言権を持っている場合

　相続は一生に何度も経験することではありません。そのため、わからないことや不安なことが次々に発生します。しかし、相談できる相手は多くなく、ほとんどが相続人の配偶者など身内になるようです。

　また、子が先に死亡し孫が相続人になるケースでは、もう一方の親（死亡した子の配偶者）が遺産相続に加わることがあります。

　しかし、他の相続人からするとその配偶者やもう一方の親は血のつながりもないため、それらの人が遺産相続に介入することに対して良くない感情を抱くことは珍しくありません。

　このように相続人以外が遺産相続に対して発言を行うことにより、争族につながることがあります。

④ 相続人が配偶者と兄弟姉妹の場合

　被相続人に子（直系卑属）や親（直系尊属）がいない場合には、配偶者

と兄弟姉妹が相続人になります。

　配偶者からすると義理の兄弟姉妹と遺産の分割を決める必要があり、ストレスもかかり、関係性によっては争いに発展する可能性も高まります。

　兄弟姉妹には遺留分がないため、子がいない夫婦の場合には遺言書をお互いに作成しておいたほうがいいでしょう。

ケース **72**

争族に対する税理士の役割

Q

実際に争族が発生した場合には、税理士に解決してもらうことはできるのでしょうか。

A

　争族が発生した場合には、弁護士資格を持たない税理士にはできることが限られます。

　相続税の申告に関しても双方別の税理士が依頼を受けることが多くなります。同じ相続にもかかわらず内容に差異のある相続税申告書が提出されれば、税務当局は税務調査を行うことになります。そのため、双方の依頼者に了承を取り、税理士同士で事前に打合せを行う必要も生じます。

------------------------------ **解 説** ------------------------------

1　争族と税理士の役割

　税理士は、税理士法 2 条で税務代理、税務書類の作成、税務相談及びこれらに付随する業務を行うことができる旨規定されています。

　また、弁護士法 72 条では、「弁護士又は弁護士法人でない者は、報酬を得る目的で訴訟事件、非訟事件及び審査請求、再調査の請求、再審査請求等行政庁に対する不服申立事件その他一般の法律事件に関して鑑定、代理、仲裁若しくは和解その他の法律事務を取り扱い、又はこれらの周旋をすることを

業とすることができない。」旨規定されています。

　したがって争族が発生した場合の仲裁や和解のあっせんは、税理士が行うことのできる業務ではないことから、弁護士への依頼を検討してください。

2 異なる税理士による相続税申告書の作成

　相続税の申告は同じ申告書に相続人が署名し税務署に提出をすることが一般的です。しかし争族が起こってしまうと、双方別の税理士に相続税申告を依頼することになり、その場合財産内容などが異なる相続税申告書を税務署に提出することになります。

　申告内容に差異のある相続税申告書の提出があった場合、税務署ではその整合性を図るため、税務調査の対象とし、双方の相続人から聞き取りを行い、相続財産額などの整合性を図ることになります。したがって、修正申告書の提出が必要となる場合や、本税の他に加算税・延滞税が賦課される場合も生じます。

　このような事態は双方にとってもいいこととはいえませんので、税理士として依頼者に丁寧に説明を行い、可能な限り税理士間で調整を図り、同一の相続財産による申告書を提出することが必要になります。

争族対策の基本中の基本
遺言書の概要

Q

争族対策で遺言書を作成することがありますが、遺言書の概要について教えてください。

A

遺言書がない場合には相続人が遺産分割協議を行いますが、話し合いがまとまらないことがしばしばです。遺言書を作成し、被相続人の意思を伝えることで、争族対策になることがあります。

代表的な遺言の方式としては、自筆証書遺言、公正証書遺言、秘密証書遺言があります。

------------------------- 解説 -------------------------

1 遺言書作成の目的と争族対策

被相続人が遺言書を作成し、分割方法の指定や遺贈によりあらかじめ財産の取得者を決めておくことで争族を防ぐことができます。

また、ただ取得者を決めるだけでは相続人に本意を理解されないことも多々あります。法律的な効果はありませんが、なぜそのような分割方法に決めたのかを付言事項として書き残したり、遺言執行者を指名し、円滑な名義変更等を行うことができるようにしておいたほうがいいでしょう。

2 自筆証書遺言とは

自筆証書遺言とは、文字どおり自分で文章を書き遺す遺言書になります。作成に誰も関与しないため厳しい要件があります。

【自筆証書遺言の要件】

- 全文を自署する
- 日付を自署する
- 署名をする
- 押印をする（認印や拇印でも問題ありません）

なお、自筆証書遺言は、2019 年（平成 31 年）1 月 13 日から財産目録など一部パソコンでの作成が可能となりました（**ケース 4** 参照）。

さらに、2020 年（令和 2 年）7 月 10 日からは法務局における保管制度「自筆証書遺言書保管制度」も始まっています（**ケース 5** 参照）。

また、相続が発生した場合には、法務局で預かってもらっている自筆証書遺言を除き、家庭裁判所の検認を受ける必要があります。ただし、検認手続は遺言書の偽造等を確認する手続であり、遺言の効力を確定するものではありません。

3 公正証書遺言とは

公正証書遺言は、公証人が遺言者の意思を確認して作成します。また、本人確認や正確な内容を担保する観点から証人 2 名が必要になります。

自筆証書遺言の場合には、法務局で保管してもらう場合を除き、家庭裁判所の検認を受ける必要がありましたが、公正証書遺言は公証人が作成しているため検認作業は不要です。

4 遺言書の形式の選択

遺言書をどの形式にするかという判断ですが、遺言書に不備をきたすこと

がないということであれば、公正証書遺言が無難でしょう。

【自筆証書遺言のメリット・デメリット】

　メリット

　　● 作成や書き直しが容易に行える

　　● 費用がかからない

　デメリット

　　● 要件を満たさない無効なものになる可能性がある

　　● 検認手続が必要（「自筆証書遺言保管制度」によるものは除く（**ケース5**参照））

【公正証書遺言のメリット・デメリット】

　メリット

　　● 公証人が作成するため形式面に不備はない

　　● 検認手続が不要

　デメリット

　　● 費用がかかる

　　● 証人が必要

　また、公正証書遺言は、財産一覧と必要書類を用意し、分割方法を決めれば、原案は公証人が考えてくれますので、細かい文章を考える必要はありません。

ケース **74**

遺言書作成上の留意点

> **Q**
>
> **遺言書作成上の留意点を教えてください。**
>
> **A**
>
> 遺言書を作成する上で留意しないといけない点は遺留分の侵害です。また、税務上の取扱いも事前に確認、試算しておくことが好ましいでしょう。

------ 解説 ------

1 遺言書作成における注意点

遺言がある場合には遺言どおりに遺産相続することが原則となります。ただし、すべての遺産相続を遺言どおりにしてしまうと著しく不利益を被る相続人が出てきてしまうことになります。

そこで民法では、遺産のうち最低限度の取り分を相続人に保証する遺留分侵害額請求（**ケース6**参照）という規定が存在します。したがって、争族としないためにも遺留分を侵害しない遺言書を作成することが必要となります。

2 遺留分の計算方法と遺留分の割合

① 遺留分の算定基礎となる財産の価額

$$\left. \begin{array}{c} \text{亡くなった時の} \\ \text{被相続人の所有} \\ \text{財 産 の 価 額} \end{array} + \begin{array}{c} \text{亡くなる前1年} \\ \text{以内に贈与した} \\ \text{財 産 の 価 額} \end{array} + \begin{array}{c} \text{特別受} \\ \text{益の額} \end{array} - \begin{array}{c} \text{債務の額} \end{array} \right\} \times \begin{array}{c} \text{遺留分} \\ \text{の割合} \end{array}$$

② 遺留分の割合

遺留分の割合は相続人の種類に応じ下記のように定められています（民900、1042）。

- 配偶者のみ………………………1/2
- 配偶者と子が相続人………各 1/4（配偶者が死亡している場合には、子が1/2）
- 配偶者と父母が相続人……配偶者 1/3、父母 1/6（配偶者が死亡している場合には、父母が 1/3）
- 配偶者と兄弟姉妹…………配偶者 1/2（兄弟姉妹に遺留分はありません）
- ＊ 2019 年（令和元年）7 月 1 日以降の相続から、遺留分の請求（支払い）は金銭での請求（支払い）によることとされています（遺留分侵害額請求（**ケース6** 参照））。

3 遺言書の表現と手続の差異（「相続させる」と「遺贈する」の違い）

「相続させる」は相続人に対してのみすることができ、「遺贈する」は相続人以外にも相続人に対してもすることができます。この2つの表現の違いにより下記のような手続上の差異が生じます。

① 農地の取得

「遺贈する」の場合は包括遺贈及び相続人に対する特定遺贈を除き農地法による許可が必要。「相続させる」の場合は不要（農法3）。

② 借地権・借家権

「遺贈する」の場合は賃貸人の許可が必要。「相続させる」の場合は不要。

③　放棄

「遺贈する」の場合はいつでも遺贈の放棄が可能（特定遺贈の場合のみ。民986）。「相続させる」の場合は家庭裁判所への申立てなど手続が必要（民938）。

④　登記手続

「遺贈する」の場合は共同申請（不登法60）、「相続させる」の場合は単独申請（不登法69）。

4 遺言書作成にあたって税務面での留意事項

①　相続税
- 納税資金は足りるか
- 延納や物納の要件を満たす形になっているか
- 土地評価にあたり評価単位に影響はないか（「地積規模の大きな宅地」の適用など）
- 非上場株式の評価方法に影響はないか
- 小規模宅地等の特例適用に影響はないか（取得者要件等の確認）
- 公益法人等への遺贈または相続財産の寄附を検討している場合には、所得税や相続税の適用要件を満たす形になっているか

②　その他
- 相続後譲渡を検討している財産について譲渡所得の特例適用の確認
- 法人に対する遺贈の場合には法人課税の確認

換価遺言の活用

> ## Q
>
> 遺言書で争族を防ぐ一つの方策として、換価遺言があると聞いたのですが、どのような遺言なのでしょうか。
>
> ## A
>
> 換価遺言とは、相続財産の一切または一部を換価し、その換価代金から遺言執行に関して必要な費用などを控除した残額を受遺者に遺贈する旨の遺言をいいます。
>
> 換価遺言は、相続財産を等分に金銭で分けることができ、また、相続人以外の者にも金銭で遺贈できるなどのメリットがありますが、財産そのものを残すことができない、小規模宅地等の特例制度の適用が困難などのデメリットがあります。

------------------------------ 解 説 ------------------------------

1 換価遺言とは何か

遺産の分割には、現物のまま相続人間で分割する現物分割のほか、換価分割、共有、代償分割などがあります。

財産の大半が不動産である場合などはその分割を巡って相続人間の争いが生じることが懸念され、このような場合に財産を円滑に承継するためには、共有、代償分割のほか、遺言による換価分割による方法が挙げられます。

　換価遺言とは、従来の遺言のように相続財産そのものについて引き継ぐ者を指定するものではなく、遺言執行者を定め、その遺言執行者が相続財産の一切または一部を換価し、その換価代金から債務、遺言執行者の報酬、その他遺言執行に関して必要な費用などを控除した残額を受遺者に遺贈することを記した遺言をいいます。

　「相続人の１人が家を継ぐ」より「相続財産を清算して相続人に平等に分配する」ことを望む人が増加傾向にある中で、換価遺言は有効な争族対策になります。

2 換価遺言のメリット・デメリット

　換価遺言には、次のようなメリット・デメリットがあります。

【換価遺言（換価分割）のメリット】

- 等価でない相続財産について、換価し均等に金銭で分けることができる。
- 株式のように日々価格が変動する財産も均等に分けることができる。
- 財産だけでなく、費用も差し引いて等分することができる。
- 相続人以外の者にも、金銭として任意の額を遺贈することができる。
- 遺言執行者を定めれば、手続する者で揉めることがない。

【換価遺言（換価分割）のデメリット】

- 思い入れがある財産を残すことができない。
- 有価証券などは、株価が上昇した時点を狙った売却ができない。
- 不動産などは、その売却益について相続人全員で所得税の確定申告が必要となる。
- 小規模宅地等の特例の適用が困難となる。

3 共有及び代償分割との比較

　換価遺言と同じく財産を平等に分けることができる共有及び代償分割とは、次のとおりです。

① 共有

　共有とは、所有権などある一定の権利が複数の主体によって支配・利用されている状態のことをいいます。

　共有の場合、持ち分が明確にでき公平感がある、相続人間で持ち分の争いは避けることができるなどのメリットがありますが、相続財産を自由に処分できない、共有者に相続が発生すると権利関係が複雑になる、名義変更する場合でも共有者全員の合意が必要になるなど、そのデメリットも大きいです。

② 代償分割

　共同相続人の1人または数人が他の共同相続人に対し債務を負担させて現物をもってする分割にかえることができる分割を代償分割といいます。

　代償分割の場合、特定の財産をそのままの形で残すことが可能である、相続人同士の公平性を保ちやすい、不動産を有効活用できる、小規模宅地等の特例制度を適用しやすい（**ケース43**参照）などのメリットがありますが、財産を取得した者は他の共同相続人に支払う債務が負担となる、遺産の価値評価でもめる可能性があるなどのデメリットがあります。

③ 換価遺言と共有及び代償分割との比較

　財産を平等に分ける際、換価分割、共有、代償分割のどの方法によるかは、財産の状況、被相続人や相続人の思い、それぞれのメリット・デメリットなどを勘案して決めることになるでしょう。

　ただ、何も準備しないで、いざ相続となった場合、遺産分割を巡った争族となることが想定されます。したがって、被相続人の意志を示す遺言を活用する際には、財産の状況や相続人の思いを汲み、メリット・デメリットを整理し、換価遺言によることを検討してもよいでしょう。

4 換価遺言の課税関係

換価遺言が行われる場合の相続税等の課税関係は、次のとおりとなります。

① 相続税の納税義務者

　　遺贈により財産を取得した受遺者は、その取得が代償分割、遺留分侵害額請求による方法であっても相続財産を取得したものとして相続税の納税義務者となることから、換価遺言により財産を取得した者も相続税の納税義務者になるものと考えられます（相法1の3）。

② 相続財産

　　換価遺言より受遺者が金銭を取得した場合には、その金銭が相続財産に該当するものと考えられます（国税庁ホームページ 質疑応答事例「遺産の換価分割のための相続登記と贈与税」）。

③ 相続税の課税価格の算出

　　換価遺言により取得した財産の課税価格の合計額は、被相続人の相続財産の価格に一致すべきものと考えられることから、各人の相続税課税価格は、次の計算式によるものと考えられます。

　　　各人の相続税課税価格

　　　　＝　換価財産の相続税評価額　×　$\dfrac{\text{各人が換価して取得した金額}}{\text{各人が換価して取得した金額の合計額}}$

④ 換価対象不動産の譲渡による所得の納税義務者

　　換価遺言においては、受遺者が債務清算後の換価代金を最終的に収受する権利である金銭履行請求権を有していることから、換価対象不動産の譲渡による所得（譲渡所得）は受遺者に帰属し、所得税の納税義務者に

なるものと考えられます（所法 12）。

⑤　小規模宅地等の特例制度の適用

　　小規模宅地等の特例制度は、相続した者が対象財産を申告期限まで所有・居住・事業継続等の要件を満たす必要があることから、換価遺言ではその適用は困難かと考えられます。

ケース **76**

遺留分の生前放棄

Q

遺留分の生前放棄について教えてください。

A

遺留分は家庭裁判所の許可を得ることで生前に放棄することができます。なお、相続分については生前に放棄をすることはできません。

解説

------

1 遺留分の生前放棄

遺留分（**ケース6**参照）の生前放棄は家庭裁判所の許可を受けた時に限り効力が生じます。実際に許可を得ようとする場合には、推定被相続人の住所地の家庭裁判所に対し遺留分放棄の許可の申立てを行います（民1049、家事手続216①二）。

遺留分の生前放棄に際し、裁判所の許可を必要とするのは、申立人が自分の意思で遺留分の生前放棄を行うのかの確認や遺留分の生前放棄の必要性などをチェックするためです。

そのため、申立てを行ったとしても、家庭裁判所の判断で却下される可能性があります。裁判所が公表している申立書の記載例（次頁参照）にも、申立ての理由が記載されています。

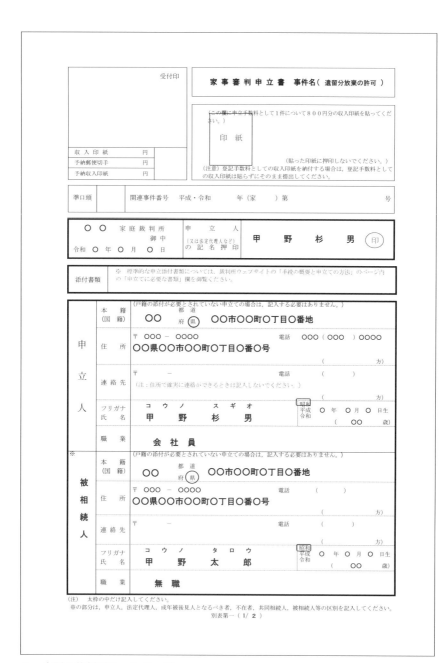

申　立　て　の　趣　旨

被相続人甲野太郎の相続財産に対する遺留分を放棄することを許可する旨の審判を求めます。

申　立　て　の　理　由

1　申立人は，被相続人の長男です。

2　申立人は，以前，自宅を購入するに際し，被相続人から多額の資金援助をしてもらいました。

また，会社員として稼働しており，相当の収入があり，生活は安定しています。

3　このような事情から，申立人は，被相続人の遺産を相続する意思がなく，相続開始前において

遺留分を放棄したいと考えますので，申立ての趣旨のとおりの審判を求めます。

財　産　目　録
【土　　地】

番号	所　　　　在	地　番	地　目	地　積	備　考
1	○○市○○町○丁目	番 ○：○	宅地	平方メートル 150：00	建物1の敷地

財　産　目　録
【建　　物】

番号	所　　　　在	家屋番号	種　類	構　　造	床　面　積	備　考
1	○○市○○町○丁目○番地	○番○	居宅	木造瓦葺平家建	平方メートル 90：00	土地1上の建物

財　産　目　録
【現金，預・貯金，株式等】

番号	品　　　目	単　位	数量（金額）	備　　考
1	預貯金		約2570万円	

＊　出所：前同

〈家庭裁判所のチェック項目〉

● 申立人が遺留分の生前放棄を行う意思があるのか
● 遺留分の生前放棄を行う合理性・必要性・代償性

2 遺留分の生前放棄と代襲相続・相続放棄

　遺留分の生前放棄をした者が先に死亡し代襲相続が発生した場合には、被代襲者の持つ権利以上のものを取得することはないと考えるため、その代襲相続人に遺留分はありません。

　また、遺留分の生前放棄をした者が先に死亡または相続放棄をしたため次順位の者が相続人になる場合は、その次順位の者には遺留分があります。

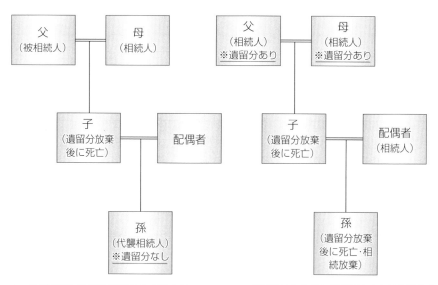

＊　子が死亡した後に父が死亡、相続人は
　母と代襲相続人である孫になる

＊　子が死亡した後に孫が死亡または相続放棄
　相続人は配偶者と第二順位の父母になる

3 家庭裁判所の許可の状況

　令和2年度の司法統計によると、遺留分の放棄が認容されたのは727件となっています。総数は766件で、認容された割合は94.9%となっています。

4 遺留分の生前放棄の取下げ

　遺留分の生前放棄の許可を受けた後にその取消しができるかという点に関しては民法に明文の規定はありません。

　東京高裁は、「放棄許可審判当時の事情が変化し、遺留分放棄の状態を存続させておくことが客観的に見て不合理、不相当とみとめられるに至った場合には、放棄許可審判を取り消し又は変更することができる」としています。

　気分が変わったので取り下げたいという程度では家庭裁判所に取消しを認めてもらうのは難しいといえます。

5 相続分の生前放棄

　相続についての承認・放棄は相続の開始があったことを知った時から3か月以内とされています。裁判例でも相続開始前の相続放棄を無効と判断していますので、相続について生前に放棄をすることはできません（民915）。

生前贈与と争族対策

> ## Q
> **生前贈与が争族対策になると聞きますが、どのようなことでしょうか。**
>
> ## A
> 争族は生前でのコミュニケーション不足から生じることがあります。遺言書を書くことも有効ですが、あらかじめ生前に話し合いの場を設け、生前贈与を行うほうがより有効です。

解 説

---

1 争族にならない円満な相続と生前贈与

　生きているうちに相続のことは考えたくないというのは当然のことです。しかし、何も準備をしていないことで、相続後に相続人間で意見がまとまらず争族になることがあります。また、遺言書を書くことも有効ですが、疑い始めたらきりがないというのが争族ですので、遺言書が被相続人の本心に基づいて書いたのか、偽造ではないかといった形でもめることもしばしばです。

　そうならないために事前に相続人を含め全員で相続について考え、生前贈与として遺産の前渡しをすることで、争族にならない円満な相続を行うことができます。

　この場合には生前贈与をするのみではなく、遺留分の生前放棄や、遺言書に遺産の前渡しとして生前贈与をした旨を書くなど明確にしておいたほうが

いいでしょう。

2 争族になっても傷口を広げないための生前贈与

遺産分割の際に、自分に有利にという考えではなく、相手が不利にと考えてしまうことがあります。そのような場合には争族は避けられないと見ていいでしょう。

相続財産の中に事業で使用しているもの等、特定の相続人に円滑に承継させなければならないものがある場合には、争族になってしまった場合の対策が必要で、その対策として生前贈与を活用する方法があります。

① 事業用財産等を生前贈与しておく

何も準備をせずに相続が発生した場合にはすべての財産をすべての相続人で共有することになります。そのような状態になることを避けるために、特定の財産をあらかじめ贈与しておくことで、共有にせず円滑に承継することができるようになります。

ただし、生前贈与が特別受益となる場合には遺留分侵害額請求（**ケース6**参照）の対象となりますので、遺言書を作成し持ち戻しの対象にしないことなどを記載しておく必要があります。

② 金銭や容易に換金できる有価証券を生前贈与しておく

特定の相続人に承継させたい財産でも被相続人の生活に必要なものなどあらかじめ生前贈与をしておくことができないものもあります。その場合には預金や上場株式などの換金が容易な有価証券を生前贈与しておき、遺留分侵害額請求された時のための代償金を準備することで円滑に財産の承継を行うことができます。

この場合でも遺言書で当該財産を特定の相続人に相続させる旨を記載する必要がありますので、忘れずに準備をしましょう。

それでも争族になってしまった場合の実務（調停等の流れ）

> ## Q
> 共同相続人間の話し合いでは遺産分割が固まらない場合にはどのような流れで手続が進むのでしょうか。
>
> ## A
> 遺産の分割について相続人の間で話し合いがつかない場合には、家庭裁判所の調停または審判の手続を利用することとなります。

------------------------------ 解説 ------------------------------

1 遺産分割協議がまとまらない場合の手続

　遺産の分割について、相続人の間で協議がまとまらない場合には、遺産分割調停、遺産分割審判と手続を進めていくことになります。

　調停とは、裁判所などの調停機関が、親族間のトラブル等の間に入って話合いを行い、適正・妥当な解決を図る制度です。

　また、審判とは、裁判官が当事者から提出された書類や調査官の行った調査の結果等の資料に基づいて判断を決定する手続です。

　調停と審判の違いは、最終意思決定が相続人にあるのか（調停）、裁判官にあるのか（審判）です。

　遺産分割に関しては調停前置主義がとられておらず、調停をせずにいきなり審判の申立てを行うことが可能です。

しかし、調停の前に審判申立てを行っても、裁判所の権利で調停に付されることがほとんどです。

2 遺産分割調停

❶調停の申立て

調停の申立人は、趣旨及び理由を記載した申立書を家庭裁判所に提出しなければなりません。また、申立書には申立人及び相手方の戸籍謄本、住民票、被相続人の出生から死亡までの戸籍（除籍）謄本、改製原戸籍を添付し、遺産の中に不動産がある場合には不動産登記簿謄本、預貯金があるときは相続開始時点の残高証明書等の添付も必要となります。

申立人となれる者は、共同相続人、包括受遺者、相続分譲受人、包括受遺の場合の遺言執行者となります（家事手続255、民907②、990、1012①）。

❷調停手続

調停手続は、相続人の範囲の確定、遺産の範囲の確定、遺産の評価額の合意、特別受益や寄与分の主張の整理、遺産分割の方法等について、当事者双方から事情をヒアリングしたり、提出した資料等を確認しながら合意に向けて話し合いが進められます。調停期日は1か月に1度程度、1回の調停期日は2時間程度で、申立人と相手方が交互に調停室に入室してそれぞれの主張を調停委員会に述べ、最後に今後の検討事項等を確認します。

調停手続は、調停の成立、調停の不成立、調停の取下げ、調停をしない処置によって終了します。調停成立の効力は確定した審判と同一の効力を有するとされています。調停が不成立となった場合には、調停申立の時に審判の申立てがあったものとみなされ審判手続に移行します（家事手続268、272）。

3 遺産分割審判

❶審判の申立て

審判の申立人は、趣旨及び理由を記載した申立書を家庭裁判所に提出しなければなりません。遺産分割審判の申立てにおいて調停前置主義はとられて

いませんが、審判の申立てを直接したとしてもいきなり審判とはならず家庭裁判所の職権で調停に回すのが一般的です。

　調停は、相手方の住所地を所轄する家庭裁判所または当事者が合意で定める家庭裁判所の管轄となりますが、審判の管轄は相続開始地を所轄する家庭裁判所または当事者が合意で定める家庭裁判所の管轄に属します（家事手続49、66、191、245）。

❷審　判

　遺産分割審判は、審判、審判申立の取下げ、調停の成立によって終了します。審判は具体的な分割方法を家庭裁判所が決定することとなります。また、家庭裁判所は、金銭の支払い、物の引渡し、登記義務の履行その他の給付を命ずることができます。

　なお、審判に不服がある場合には、2週間以内に即時抗告をすることができますが、その期間内に即時抗告がなされなかった場合は、審判が確定することになります（家事手続73、74、82、86、196）。

ケース **79**

それでも争族になってしまった場合の
実務（未分割での相続税申告）

> ## Q
>
> 　相続税の申告期限までに遺産分割が確定しない場合でも相続税の申告
> 及び納付は必要になると思いますが、未分割での相続税申告特有の論点
> をご教示ください。
>
> ## A
>
> 　遺産未分割での相続税申告は、遺産分割確定が要件となっている各種
> 特例の適用が受けられない等の未分割申告特有の論点があります。また、
> 未分割申告特有の添付書類や手続がありますので注意が必要です。

------------------------------ 解 説 ------------------------------

1 未分割申告特有の論点

①　小規模宅地等の特例

　　申告書の提出期限までに共同相続人または包括受遺者によって分割さ
れていない宅地等については小規模宅地等の特例の適用がないこととさ
れています（措法 69 の 4 ④、**ケース 40 3** 参照）。

②　配偶者の税額軽減

　　申告期限までに当該相続または遺贈により取得した財産の全部または
一部が共同相続人または包括受遺者によってまだ分割されてない場合
に、その分割されていない財産に対応する金額については配偶者の税額

軽減の適用はないこととされています（相法19の2②）。

③　農地等についての相続税の納税猶予の不適用

農地等についての相続税の納税猶予は、申告書の提出期限までに当該相続または遺贈により取得した農地等の全部または一部が共同相続人または包括受遺者によってまだ分割されてない場合に、その分割されていない農地等に対応する金額については適用を受けることはできないものとされています（措法70の6⑤）。

④　納税関連

未分割財産は管理処分不適格財産とされ物納の対象にはできず、また、延納申請の際に担保を提供する必要がありますが、未分割財産は担保不適格財産とされていますので延納も適用できない可能性があります。

また、未分割財産については、共有者（相続人）の意思が一致しないと処分もできませんので、不動産を売却して納税資金を確保しなければならないような場合にも苦慮することとなります（相令18①一ロ）。

2 申告手続

上記**1**①及び②の規定については、相続税の当初申告書に253頁の「申告期限後3年以内の分割見込書」を添付し、分割確定後4か月以内に更正の請求をした場合にはその適用を受けることができます。

なお、相続税の申告期限の翌日から3年を経過する日において相続等に関する訴えが提起されているなど一定のやむを得ない事情がある場合において、申告期限後3年を経過する日の翌日から2か月を経過する日までに、254頁の「遺産が未分割であることについてやむを得ない事由がある旨の承認申請書」を提出し、その申請につき所轄税務署長の承認を受けた場合には、判決の確定の日など一定の日の翌日から4か月以内に分割されたときに、上記**1**①及び②の規定については適用を受けることができます（相法19の2、32、措法69の4、相令4の2、相規1の6、措規23の2）。

通信日付印の年月日	確認印		番　号	
年　月　日				

被相続人の氏名 _____

申告期限後３年以内の分割見込書

　相続税の申告書「第11表（相続税がかかる財産の明細書）」に記載されている財産のうち、まだ分割されていない財産については、申告書の提出期限後３年以内に分割する見込みです。

　なお、分割されていない理由及び分割の見込みの詳細は、次のとおりです。

　　1　分割されていない理由

　　2　分割の見込みの詳細

　　3　適用を受けようとする特例等

　　⑴　配偶者に対する相続税額の軽減（相続税法第19条の２第１項）
　　⑵　小規模宅地等についての相続税の課税価格の計算の特例
　　　　（租税特別措置法第69条の４第１項）
　　⑶　特定計画山林についての相続税の課税価格の計算の特例
　　　　（租税特別措置法第69条の５第１項）
　　⑷　特定事業用資産についての相続税の課税価格の計算の特例
　　　　（所得税法等の一部を改正する法律（平成21年法律第13号）による
　　　　改正前の租税特別措置法第69条の５第１項）

（資４－21－Ａ４統一）

＊　出所：国税庁ホームページ

遺産が未分割であることについてやむを得ない事由がある旨の承認申請書

税務署
受付印

_____年_____月_____日提出

〒
住　所
（居所）

_____税務署長

申請者　氏　名

（電話番号　　　　　　－　　　　　　－　　　　　　）

遺産の分割後、
・配偶者に対する相続税額の軽減（相続税法第19条の2第1項）
・小規模宅地等についての相続税の課税価格の計算の特例
　　　　　（租税特別措置法第69条の4第1項）
・特定計画山林についての相続税の課税価格の計算の特例
　　　　　（租税特別措置法第69条の5第1項）
・特定事業用資産についての相続税の課税価格の計算の特例
　（所得税法等の一部を改正する法律（平成21年法律第13号）による改正前の租税特別措置法第69条の5第1項）
の適用を受けたいので、

遺産が未分割であることについて、
・相続税法施行令第4条の2第2項
・租税特別措置法施行令第40条の2第23項又は第25項
・租税特別措置法施行令第40条の2第8項又は第11項
・租税特別措置法施行令等の一部を改正する政令（平成21年政令第108号）による改正前の租税特別措置法施行令第40条の2第19項又は第22項
に規定する

やむを得ない事由がある旨の承認申請をいたします。

1　被相続人の住所・氏名

住　所_____　氏　名_____

2　被相続人の相続開始の日　　平成
　　　　　　　　　　　　　　令和　_____年_____月_____日

3　相続税の申告書を提出した日　平成
　　　　　　　　　　　　　　　令和　_____年_____月_____日

4　遺産が未分割であることについてのやむを得ない理由

（注）やむを得ない事由に応じてこの申請書に添付すべき書類
　　①　相続又は遺贈に関し訴えの提起がなされていることを証する書類
　　②　相続又は遺贈に関し和解、調停又は審判の申立てがされていることを証する書類
　　③　相続又は遺贈に関し遺産分割の禁止、相続の承認若しくは放棄の期間が伸長されていることを証する書類
　　④　①から③までの書類以外の書類で財産の分割がされなかった場合におけるその事情の明細を記載した書類

○　相続人等申請者の住所・氏名等

住　所　（　居　所　）	氏　　名	続　柄

○　相続人等の代表者の指定　　　代表者の氏名_____

関与税理士		電話番号	

※

通信日付印の年月日	（確認）	名簿番号
年　　月　　日		

（資4－22－1－A4統一）　　（令3.3）

＊　出所：前同

254

それでも争族になってしまった場合の
実務（遺留分侵害額請求があった場合の相続税申告）

Q

相続税の申告期限までに遺留分侵害額請求があった場合には、未分割申告として小規模宅地等の特例の適用はできないのでしょうか。

A

遺留分侵害額請求があったとしても遺言で相続財産が漏れなく相続人または受遺者に指定されているならば、その相続税申告は未分割申告とはなりません。したがって、小規模宅地等の特例の適用も当初申告で受けることができます。

解 説

1 遺留分侵害額請求があった場合の相続税申告

❶遺留分侵害額請求をされた者

遺留分侵害額請求をされた者は、遺言どおり財産を取得した場合には、申告期限までに相続税の申告書を提出する必要があります。たとえ遺留分侵害額請求をされていたとしても、遺言により指定されている限りは遺留分侵害部分も未分割とはなりません。したがって、小規模宅地等の特例についても他の要件を満たせば適用が可能となります。

その後、遺留分侵害額請求に基づき支払うべき額が確定した場合において、当初申告額よりも課税価格または相続税額が減少したときは、その支払うべ

き額が確定したことを知った日の翌日から4か月以内であれば、更正の請求をすることができます（相法32①三）。

❷遺留分権利者（遺留分侵害額請求をした者）

遺言により取得する財産がなかった遺留分権利者は、相続開始時点では、相続または遺贈により財産を取得していないため相続税の納税義務はありません。したがって、申告期限までに相続税申告書を提出する必要はありません。遺留分権利者が侵害額請求に基づき財産を取得した場合には新たに相続税の納税義務者となります。その場合であっても相続税の申告期限は原則どおり相続の開始を知った日の翌日から10か月以内となりますので、侵害額請求により返還等された額の確定した日が相続の開始を知った日の翌日から10か月を超えていた場合には期限後申告となります。

なお、この場合の期限後申告については、無申告加算税（正当な理由があると認められるため）や延滞税（相続税法の延滞税の特則により）は課されないこととなっています（相法27①、30①、51②一、通法66①）。

（遺留分侵害額請求については**ケース6**参照）

2 実務上の取扱い

上記**1❶**の更正の請求及び**❷**の期限後申告は、任意規定となっているため、実務上は相続税の総額が変わらない場合には相続人間にて調整をし、申告手続等をしないこともありえます。税務当局も相続税の総額が変わらない限りはあえて新たな手続を求めないこともあります。

第 **11** 章

ケース別生前対策

首都圏農家地主における生前対策

Q

首都圏農家地主における生前対策において、注意すべきポイントを教えてください。

A

首都圏農家地主における生前対策においては、次の3つの制度をよく理解しうまく活用することがポイントとなります。

① 農地等を相続した場合の納税猶予制度

② 都市農地の貸付けの特例

③ 生産緑地制度

なお、首都圏の農地については、市街化区域外、生産緑地地区内、田園住居地域内及び地区計画農地保全条例により制限を受ける区域内にある農地に対して、相続税及び贈与税の農地等の納税猶予制度の適用を受けることができます。

―――――――――――――――― 解説 ――――――――――――――――

1 農地等を相続した場合の納税猶予制度について

❶**制度の概要**（措法 70 の 6）

相続または遺贈により農地等（農地、採草放牧地及び準農地）を取得し、当該農地及び採草放牧地が引き続き農業の用に供される場合には、本来の相続税

額のうち農業投資価格を超える部分に対応する相続税が、一定の要件のもとに納税が猶予され、相続人が死亡した場合等に猶予税額が免除されます。

　納税猶予の対象となる被相続人は、①死亡の日まで農業を営んでいた者、②農地等の生前一括贈与（贈与税納税猶予）をした者、③死亡の日まで特定貸付けまたは認定都市農地貸付け等を行っていた者です。

　また、納税猶予の対象となる相続人は、①相続税の申告期限までに農業経営を開始し、その後、引き続き農業経営を行う者、②農地等の生前一括贈与を受けた受贈者、③相続税の申告期限までに特定貸付けまたは認定都市農地貸付け等を行った者です。

　なお、特定貸付けは市街化区域外の農地（採草放牧地を含む）が対象となり、認定都市農地貸付け等は生産緑地地区内の農地が対象となります。

　特例の対象となる農地等の範囲は、①市街化区域外、②三大都市圏の特定市以外の市街化区域、③三大都市圏の特定市に所在する「特定生産緑地である農地等」、「田園住居地域内にある農地」及び「地区計画農地保全条例により制限を受ける区域内の農地」です。

❷農地等の納税猶予制度の適用を受けるための流れ

　農地等の納税猶予制度の適用を受けるための基本的な流れは以下のようになります。

①　遺産分割協議・相続登記

②　農業委員会への必要書類の請求

③　相続税申告期限内に担保提供に必要な資料等を含めた添付書類の提出

　上記のうち特に、相続登記や農業委員会への資料請求にはある程度時間を要します。

　農地等の納税猶予は、"当初申告要件"がありますので、10か月という期限内に間に合わなければ特例を受けられなくなってしまいます。

　"どの土地に納税猶予を適用するか"、"どの土地を担保提供するか"等の納税猶予適用のための計画を練っておくことが生前対策のポイントとなります（農地等を贈与した場合の納税猶予についてはケース31参照）。

2 都市農地の貸付けの特例の概要 (措法70の6の4)

　相続税の納税猶予の適用を受けている農業相続人が、納税猶予の適用を受けている生産緑地地区内の農地の全部または一部について、認定都市農地貸付けまたは農園用地貸付けを行ったときは、一定の要件の下、引き続き納税猶予が継続されます。

3 生産緑地制度について

　生産緑地制度とは、市街化区域内の農地で、良好な生活環境の確保に効用があり、公共施設等の敷地として適している 500㎡（市区町村が条例を定めれば、面積要件を 300㎡まで引き下げることが可能）以上の農地を都市計画に定め、建築行為等を許可制により規制し、都市農地の計画的な保全を図る制度です。

　三大都市圏特定市では、固定資産税について、生産緑地地区以外の市街化区域内農地は宅地並み課税が適用されるのに対し、生産緑地は軽減措置が講じられています。

　また、生産緑地であれば、農地等を相続した場合の納税猶予制度の適用を受けることができます（上記 **1** 参照）。

　さらに、生産緑地の相続税評価は、「宅地化・売却がいつ可能になるかどうか」によって評価方法が大きく異なります。具体的には、"主たる従事者"が被相続人の場合は、相続発生時において、その生産緑地は「買取りの申出をすることができる生産緑地」つまり「宅地化・売却が可能」な土地に該当します。したがって、5％しか評価減を受けることができませんが、"主たる従事者"が被相続人以外の場合には、「課税時期から買取りの申出をすることができることとなる日までの期間」に応じて、10％〜35％の評価減を受けることができます（評基通40-3）。

　この"主たる従事者"を確認し、相続が発生した際に、この生産緑地をどうするのかを事前に検討しておくことが生前対策のポイントです。

　"主たる従事者"が被相続人以外の場合には、「売却し納税資金に充てる」

という新たな選択肢も生まれてきます。また、場合によっては生前に"主たる従事者"を変更するということも考えられます。

4 特定生産緑地制度（生産緑地法10条の2）

生産緑地は、都市計画決定から30年が経過すると指定が解除され、固定資産税の軽減措置、農地等を相続した場合の納税猶予制度の適用、相続税評価減を受けることができなくなります（生産緑地の2022年問題）。

このため、申出基準日が近く到来することとなる生産緑地について、市町村長が、農地等利害関係人の同意を得て、申出基準日より前に特定生産緑地として指定し、買取りの申出が可能となる期日を10年延期する「特定生産緑地制度」が創設され、2018年（平成30年）4月1日より施行されています。

特定生産緑地として指定されれば、30年経過されるまでの生産緑地と同様、固定資産税の軽減措置、農地等を相続した場合の納税猶予制度の適用、相続税評価減を受けることができます。

なお、生産緑地について、都市計画決定から30年が経過する日までに特定生産緑地として指定されなければ、原則として、これらの特例は適用できないことになります。

特定生産緑地制度の税制（三大都市圏特定市）

区　分	三大都市圏特定市の 市街化区域内農地		
		生産緑地	
	生産緑地以外	30年経過後 非特定生産緑地	30年まで又は 特定生産緑地
固定資産税 の課税	**宅地並み評価** ·宅地評価額－造成費 　相当額 **宅地並み課税** ·課税額＝評価額× 　1/3×1.4% ·前年度比5%増まで 　に抑制	**宅地並み評価** ·宅地評価額－造成費 　相当額 **宅地並み課税** ·課税額＝評価額× 　1/3×1.4% ·前年度比5%増まで 　に抑制 ·5年間激変緩和措置	**農地評価** ·売買事例価格による 　評価 **農地課税** ·課税額＝評価額 　×1.4％ ·前年度比10%増まで 　に抑制
相続税の 納税猶予	納税猶予なし	納税猶予なし 現世代の納税猶予のみ 終身営農で免除 （現世代に限り、 貸借でも納税猶予継続）	納税猶予あり 終身営農で免除 貸借でも納税猶予継続
都市計画 制限	特になし	買取り申出可能 建築制限あり	30年（特定：10年） 建築制限あり
農地転用 の制限	原則自由（届出制）		

＊　出所：国土交通省「特定生産緑地指定の手引き」（令和3年6月）をもとに作成

Check!

▶ 農地の納税猶予は"当初申告要件"があるので期限管理に注意する必要がある（措法70の6）

▶ 生産緑地は、"主たる従事者"を確認し、"いつ宅地化・売却"ができるのかを確認しておくことが重要である（生産緑地法10）

▶ 1992年（平成4年）の生産緑地法改正時に指定を受けた生産緑地は、「特定生産緑地」として指定を受けているかに注意する必要がある

ケース**82**

金融資産家における生前対策

> ## Q
>
> 　金融資産家における生前対策において、注意すべきポイントを教えてください。
>
> ## A
>
> 　財産の中に金融資産の占める割合が多い人の場合には、比較的幅広い相続の生前対策が可能となります。以下の3つの枠に従って、それぞれ金融資産家向けの少し特殊な対策を解説します。
>
> ① 生前贈与を使った対策
>
> ② 不動産を使った対策
>
> ③ 生命保険を使った対策

解 説

---

1 生前贈与を使った対策『110万円以上の贈与』

　金融資産家の場合には、相続税と贈与税の税率差を意識して、110万円以上の生前贈与（暦年課税 **ケース47** 参照）の検討を行いましょう。贈与税は非常に高い税率と思われている人もいますが、例えば20歳以上の子へ500万円を贈与しても、贈与税は（500万 − 110万）× 15% − 10万 = 48.5万となり、実効税率は9.7%となります。

2 不動産を使った対策『信託受益権化または不動産小口化商品化された不動産』

個人ではとても所有ができないような、高い路線価の不動産が信託受益権化または不動産小口化商品化されたものを所有し、そこに小規模宅地等の特例を適用するといった対策です。

例えば、特定居住用の小規模宅地等を適用した後、貸付事業用宅地の特例として使える面積が 10㎡だけ余っていたとします。そういった場合でも、例えば路線価が 1,000 万円 /㎡といった物件を所有することができれば、1,000 万円× 10㎡× 50％ = 5,000 万円となり、大きな節税効果を作ることが可能となります。

3 生命保険を使った対策『アメリカの生命保険』

アメリカの生命保険を使っても、税制上のメリットは現在では何もありませんが、金融資産家の場合には、以下のようなメリットがあります。

① 保険料が安い………………運用利回りが日本に比べて高いため

② 高額の保険に加入できる……100 億円を超えるような保険契約が可能

③ 信用性が高い………………一般的に日本の会社よりも格付けが高い

ただ、通常の方法で、日本にいる日本人がアメリカの生命保険に加入することはできませんので、金融資産家以外にはお勧めができない対策となります。

Check!

▶ 信託受益権または不動産小口化商品の目的となっている土地等についても、小規模宅地等の特例が適用可能である（信託個通4－6）

ケース **83**

同族企業オーナーにおける生前対策

Q

同族企業オーナーにおける生前対策において、注意すべきポイントを教えてください。

A

同族企業オーナーにおける生前対策で、相続税の節税につながる代表的なものを2つご紹介します。

① 事業承継税制の活用

② 自社株評価を引き下げて、相続時精算課税で後継者へ贈与

-------- 解説 --------

1 事業承継税制の活用

2018年度（平成30年度）及び2019年度（令和元年度）の税制改正により、事業承継税制の特例措置が設けられとても使いやすくなりました。納税猶予の対象となる株式等の制限の撤廃、複数の株主から代表者である後継者（最大3人）への承継も可能、贈与または相続等した株式等に係る贈与税・相続税の100%が猶予・免除される制度となっています（**ケース29**参照）。

事業承継対策を考えるにあたって、まずはこの事業承継税制（特例措置）の適用が可能かどうかを確認する必要があります。

非上場株式等についての贈与税・相続税の納税猶予制度（特例措置）の主な適用要件

	主な適用要件
会社の要件	① 中小企業経営承継円滑化法上の中小企業者に該当し、非上場会社であること ② 承継計画を作成し、都道府県知事の確認を受けていること
後継者の要件	① 会社の代表権を有すること（先代経営者の親族でなくてもOK） ② 同族関係者と合わせてその会社の発行済議決権株式総数の過半数を保有すること
先代経営者である被相続人の要件	① 会社の代表権を有していたこと ② 同族関係者と合わせてその会社の発行済議決権株式総数の過半数を保有していたこと
5年間の継続要件	① 特例の適用を受けた株式を保有し、代表権を有していること ② 5年平均で雇用の8割以上を維持すること

2 自社株評価を引き下げて、相続時精算課税で後継者へ贈与

　自社株の評価を一時的に引き下げて、評価額が低い状態でその株式を後継者に贈与すると、相続発生時点までの株式の価値上昇分が節税効果になります。

　自社株の評価を下げるための対策として代表的なものを以下にご紹介します。

　①　特殊な評価方法に該当してしまっている場合には通常評価方法に戻す

　　　現状、「比準要素数0や1」「株式等保有特定会社」「土地保有特定会社」等に該当している場合には、とても不利な評価になっていますので、この評価方法から外れるように工夫をしましょう。

　②　会社規模の変更を検討する

　　　一般的には、小会社よりも中会社、中会社よりも大会社に該当したほうが、相続税評価上は有利になるケースが多いです。

　　　従業員数や売上・資産規模などを少し変更すれば会社規模が変更となるケースもありますので、会社規模の変更が可能かどうかの確認をして

みましょう。

③　3つの比準要素を引き下げる

　　比準要素の中でも特に「利益要素」は評価に与える影響が大きいので、一時的に利益を下げる工夫を行いましょう。

　　具体的には「不良在庫の除却」や「含み損のある資産の売却」「保険商品の活用」「退職金の支給」等があります。

賃貸不動産所有者における生前対策

Q

賃貸不動産所有者における生前対策において、注意すべきポイントを教えてください。

A

賃貸不動産所有者における生前対策で、相続税の節税につながる代表的なものを3つご紹介します。

① 空室対策の実施で賃貸割合を高める

② 建物を子に贈与する

③ リフォーム・大規模修繕を行う

解説

---

1 空室対策の実施で賃貸割合を高める

長期間、空室を放置し募集等も行っていないと実際相続発生時に、"貸家建付地評価"や"小規模宅地等の特例の適用"ができなくなります。

そこで、賃貸割合が100％になっていない場合は、賃料を多少下げてでも満室にするか、サブリース（一括借上げ）を検討しましょう。

2 建物を子に贈与する

建物を子に贈与することで、贈与後の賃料収入は子に帰属することになり、相続財産の増加を防ぐことができます。

また、貸家の贈与前の借家人が相続発生時においても同じであれば、相続発生時の土地の評価は"貸家建付地"として評価することが可能です（**ケース69**参照）。

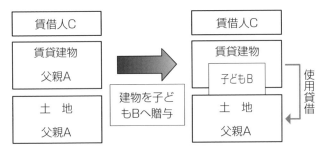

*　賃借人が贈与前と相続発生時とで同一であれば、父親の土地は貸家建付地評価となる

3 リフォーム・大規模修繕を行う

基本的には、固定資産税評価に影響を及ぼさないようなリフォームや大規模修繕については、相続税評価にも影響がありません。

つまり、リフォームや大規模修繕で支出した金額がそのまま節税効果として効いてきます。ただし、内容によっては（例えば増床等）、固定資産税評価に影響を及ぼし相続税評価にも影響を及ぼしますが、キャッシュで保有しているよりも評価額は下がりますので、リフォームや大規模修繕を行う時期がきていれば、相続開始前に行うことをお勧めします。

Check!
● サブリースの場合には、賃貸割合は100％になる
● 家屋と構造上一体となっている設備は、家屋の価額に含める（評基通92）

首都圏マイホーム所有者に対する生前対策

> ## Q
>
> 首都圏マイホーム所有者における生前対策で有効なものを教えてください。
>
> ## A
>
> 首都圏マイホーム所有者における生前対策で、相続税の節税につながる代表的なものを3つご紹介します。
> ① 2世帯住宅で相続対策
> ② リフォームやバリアフリー改修工事を行う
> ③ おしどり贈与

------------------------------ 解 説 ------------------------------

1 2世帯住宅で相続対策

　玄関が2つで、建物の内部での行き来ができないような構造の2世帯住宅においても、税務上は同居とみなされ、敷地全体に小規模宅地等の特例（**ケース40**参照）が適用可能です。

　ただし、2世帯住宅で区分所有登記がされている建物に係る宅地については、小規模宅地等の特例は適用できません。

2 リフォーム・バリアフリー改修工事を行う

　基本的には、固定資産税評価に影響を及ぼさないようなリフォームやバリアフリー改修工事については、相続税評価にも影響がありません。つまり、リフォームやバリアフリー改修工事で支出した金額がそのまま節税効果として効いてきます。

　さらに、バリアフリー改修工事に関しては、所得税の控除特例が使えたり、補助金がもらえたりする可能性もありますので、二重にお得になる可能性があります。

3 おしどり贈与

　婚姻期間が20年以上の夫婦間ですと、居住用不動産または居住用不動産を取得するための金銭の贈与が、2,000万円まで無税で行えます。さらに、相続時の3年内贈与の持ち戻しにも該当せず、気軽に行える相続対策といえます（**ケース25** 参照）。

　ただし、この贈与を実施する前には以下のポイントを確認しましょう。

①　贈与を行うことで、小規模宅地等の特例の計算上不利になることはないか

②　贈与後の、1次・2次相続税額シミュレーションを行う

索　引

■執筆者紹介

福留正明（ふくとめ・まさあき）　公認会計士／税理士／行政書士
神戸大学経営学部卒業。監査法人トーマツ、辻本郷税理士法人を経て、税理士法人チェスター代表

荒巻善宏（あらまき・よしひろ）　公認会計士／税理士／行政書士
同志社大学商学部卒業。監査法人トーマツを経て、税理士法人チェスター代表

伊原慶（いはら・けい）　税理士
神戸大学経済学部卒業、甲南大学社会科学研究科経済学専攻卒業。ひょうご税理士法人を経て税理士法人チェスター大阪事務所代表

河合厚（かわい・あつし）　税理士
立命館大学経済学部卒業。国税庁、国税不服審判所、東京国税局、複数の税務署長を経て税理士法人チェスター審査部長

■法人紹介

税理士法人チェスター

相続税専門の税理士法人。職員総数 239 名、全国に 7 拠点展開（三越前、新宿、横浜、大宮、名古屋、大阪、福岡）。

年間 1,500 件（累計 7,000 件以上）を超える相続税申告実績は税理士業界でもトップクラスを誇り、中小企業オーナー、医師、地主、会社役員、資産家の顧客層を中心に、専門性の高い相続税申告サービスやオーダーメイドの生前対策提案、事業承継コンサルティング等を行っている。各種メディアやマスコミからの取材実績やセミナー講師、テレビ出演の実績多数有り。会計事務所向けの相続税・事業承継業務の支援を行う「チェスター相続実務アカデミー」は、4,100 名を超える税理士が参加している。

代表：荒巻善宏（公認会計士・税理士）　福留正明（公認会計士・税理士）

- ホームページ：https://chester-tax.com/
- 税理士・公認会計士向け支援ページ：https://chester-tax.com/professional.html

【主な著書等】

『相続はこうしてやりなさい』（ダイヤモンド社、2010 年 9 月）、『新版 相続はこうしてやりなさい』（ダイヤモンド社、2013 年 5 月）、『「華麗なる一族」から学ぶ相続の基礎知識』（亜紀書房、2011 年 9 月）、『新版／相続相談［頻出］ケーススタディ Q&A』（清文社、2014 年 2 月）、『ストーリーでわかる！ 今までで一番やさしい相続の本』（ダイヤモンド社、2014 年 8 月）、『オーナー経営者のための事業承継「決定版」』（パブラボ、2014 年 11 月）、『相続税の疑問がすっきり！わかる本』（あさ出版、2015 年 9 月）、『ど素人ができる相続＆贈与の申告』（翔泳社、2015 年 9 月）、『相続は突然やってくる！ 事例でわかる相続税の生前対策』（あさ出版、2017 年 2 月）、『海外財産・海外居住者をめぐる相続税の実務』（清文社、2017 年 6 月）、『実務の流れがしっかりつかめる 相続税実務における農地・山林の評価』（清文社、2018 年 1 月）、『税務署もうなずく 相続税の税務調査対応テクニック』（中央経済社、2018 年 4 月）、『相続発生後でも間に合う 土地評価減テクニック 第 2 版』（中央経済社、2019 年 1 月）、『相続専門税理士法人が実践する 相続税申告書最終チェックの視点』（清文社、2020 年 12 月）、『知らないと損、分かれば安心 相続税の申告 80 のギモン』（幻冬舎、2021 年 3 月）、『新版 相続実務における雑種地評価』（清文社、2021 年 8 月）そのほか、「税務弘報」「月刊税理」「日本経済新聞」「読売新聞」「週刊文春」「週刊朝日」「週刊ダイヤモンド」「AERA」などの取材多数。

税理士が本当に知りたい

生前相続対策 ［頻出］ ケーススタディ

2021年12月20日　発行

編　者　税理士法人チェスター ©

発行者　小泉 定裕

発行所　株式会社 清文社

東京都千代田区内神田1−6−6（MIFビル）
〒101−0047　電話 03（6273）7946　FAX 03（3518）0299
大阪市北区天神橋2丁目北2−6（大和南森町ビル）
〒530−0041　電話 06（6135）4050　FAX 06（6135）4059
URL https://www.skattsei.co.jp/

印刷：大村印刷㈱

ISBN978-4-433-72341-5